AF452253

BALTIQUE
Pl. 5.
ROYAUME
DE PRUSSE
PARTIE DE POLOGNE
Memel
Pillau
Hela
Dantzick
Konisberg
Marienbourg
Elbing
Culm
Thorn
Novigrod
Oppelen
Ratibor
Troppau
Hongrie
Vienne
Presbourg
CARTE GÉNÉRALE
du Theatre de la Guerre
en Allemagne
à l'Intelligence des Cartes
particulieres contenues dans
cet Ouvrage.
Lieues communes de France.
Lieues d'Allemagne

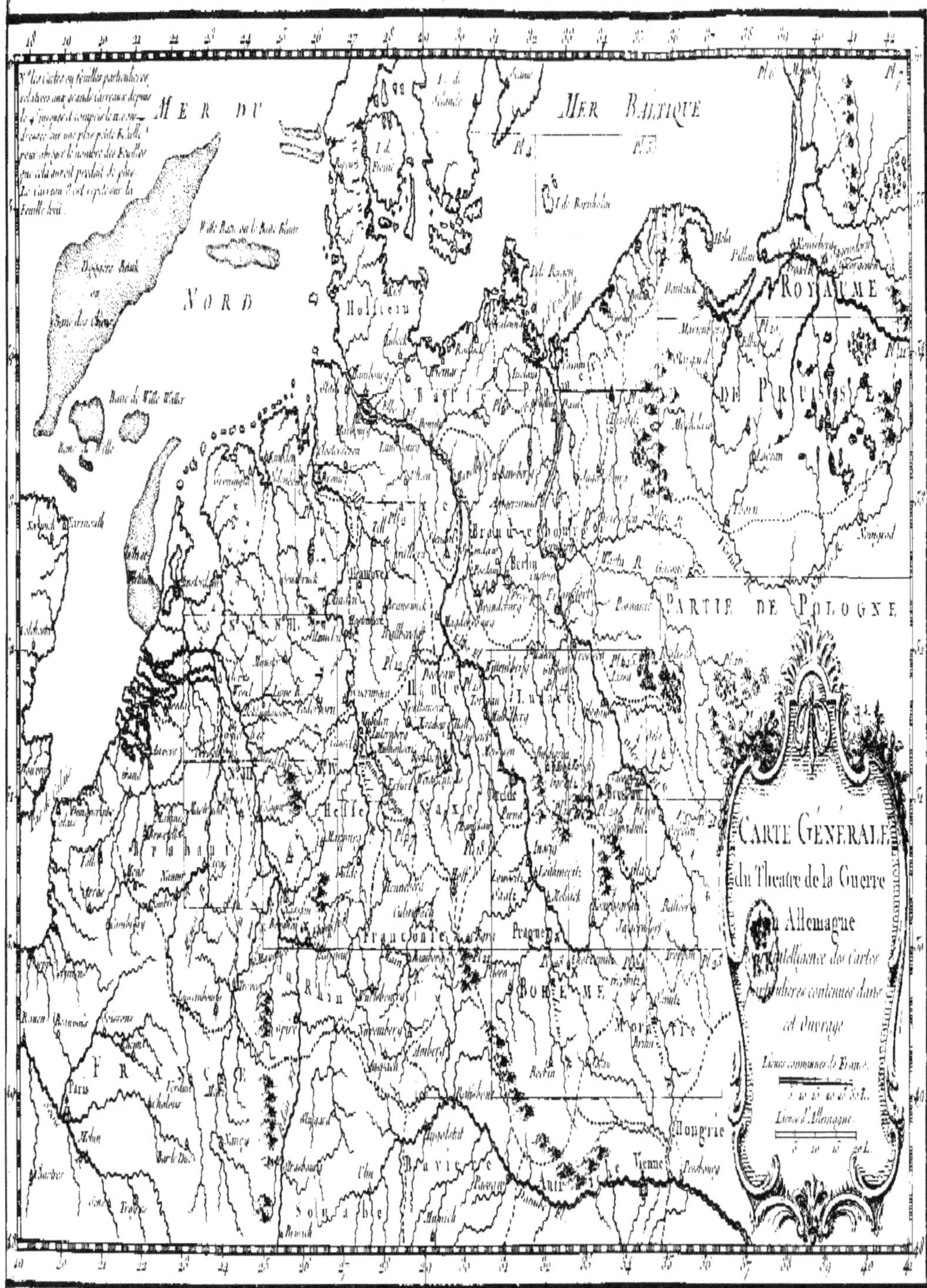

MER DU NORD
MER BALTIQUE
Holstein
NORD
CARTE GÉNÉRALE
du Theatre de la Guerre
en Allemagne
l'intelligence des cartes
particulieres contenues dans
cet Ouvrage
Lieues communes de France
Lieues d'Allemagne
ROYAUME DE PRUSSE
PARTIE DE POLOGNE
Brandebourg
Berlin
Brunswick
Hesse
Saxe
Franconie
Prague
BOHEME
Moravie
Baviere
Souabe
Munich
Vienne
Hongrie
FRANCE
Paris

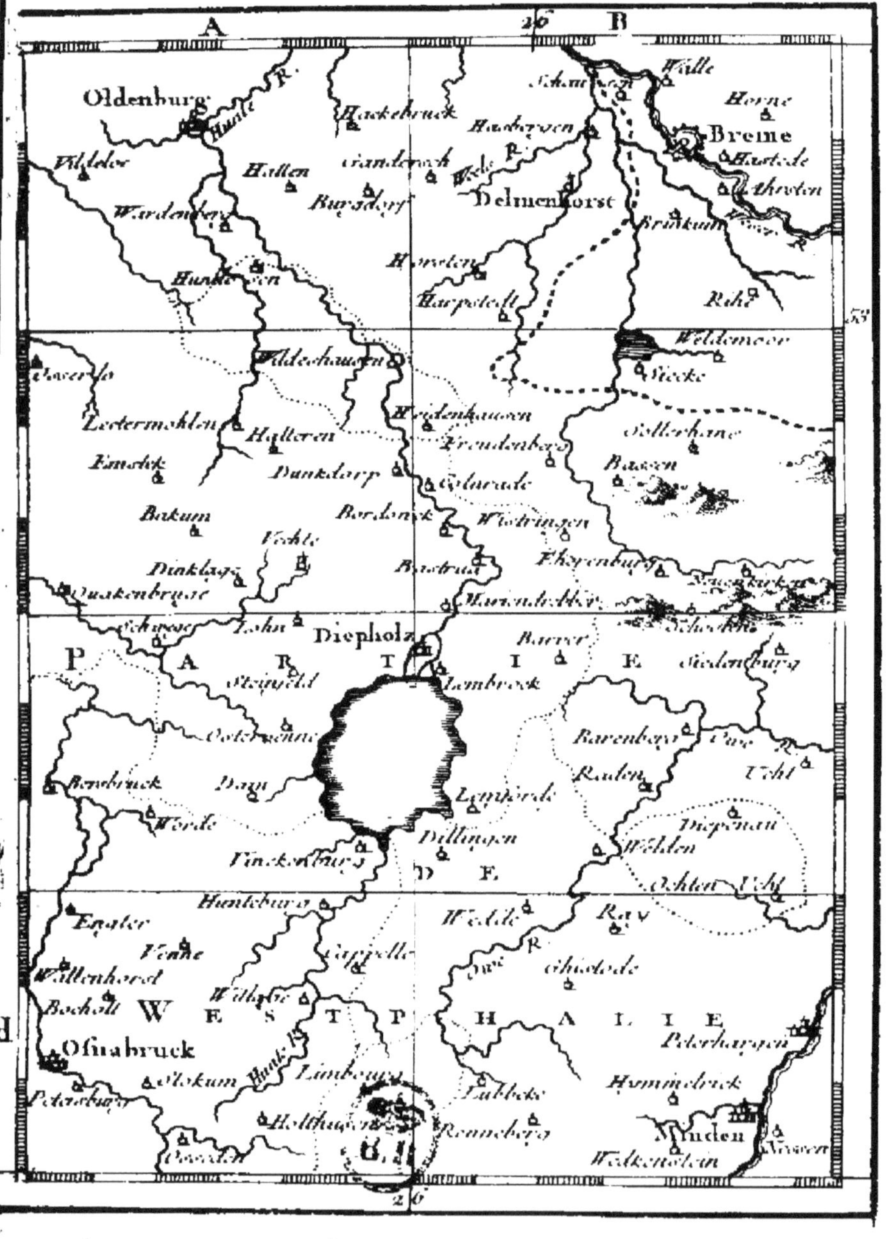

ENVIRONS DE BREME. Planche 1re
A   26   B
Oldenburg
Hackelbruck
Haschyven
Schuerwen
Walle
Horne
Breme
Hastede
Aholen
Granlenach
Hallen
Bursdorf
Vildeter
Wardenberg
Delmenhorst
Brinkum
Hundtren
Horsten
Harpsteff
Reh?
Vaersfa
Vildeshausen
Weldemoor
Stecke
Ledermohlen
Halteren
Weidenhausen
Freudenberg
Sotterhaue
Basen
Emstek
Bakum
Dunkdorp
Colnrade
Vechte
Bordonck
Wietringen
Ehenburg
Diaklag
Quakenbrugc
Bastruk
Marienbekker
Schden
Schuese
John
Diephola
Barver
Siebenburg
P   A   R   T   I   E
Steinfeld
Lambruck
Oosterwine
Barenberg
Ruden
Uchl
Borebruck
Dayn
Lembrde
Diepenau
Vorde
Dillingen
Wehlen
Vinckenburg
D   F.
Ochten Uchl
Huntcbury
Welde
Rav
Eqater
Venne
Cappelle
Ohistede
Wallenhorst
Withte
Bocholt
W   E   S   T   P   H   A   L   I   E
Peterhaspen
Ofnabruck
Petersbury
Olokum
Limbourg
Tubbete
Hemmelruck
Holthausen
Roanebro
Minden
Pasch?
Welkenslen
26
Lieues d'Allemagne de 15 au Degré.
Grandes lieues de France de 20 au Degré.

Planche 2

LUNEBOURG

WESTPH...

Dalhaus...
PARTI...
Bruckhaus...

Bodendick
Hanningsbuttel
Bockel
Isenhagen
Wittingen
Wanderbuttel
Knesebeck

Getzay
Knesdorf
Warenholz
Warenholz
Knesdorf
Wilse
Westerbeck
Breme

Gifhorn
Caselxen

Meine
Fallersleben
Wolfsburg
Vorsfeld

Dornenbuttel
Weddingen
Campen
Dipsdorf
Ridagshausen

Wolffenbuttel
Scheppenstedt
Helmsted
Schoningen
Jerxen
Bode R.
Heeren
Rensborg
Osterwick

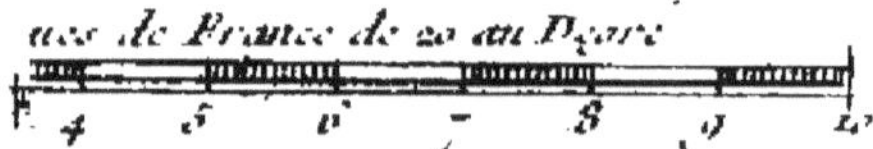

ENVIRONS D'HANOVER ET DE BRUNSWICK

Planche 2

Lieues d'Allemagne de 15 au Degré

1/2 1 2 3 4 5 6

Grandes Lieues de France de 20 au Degré

1/2 1 2 3 4 5 6 7 8 9 10

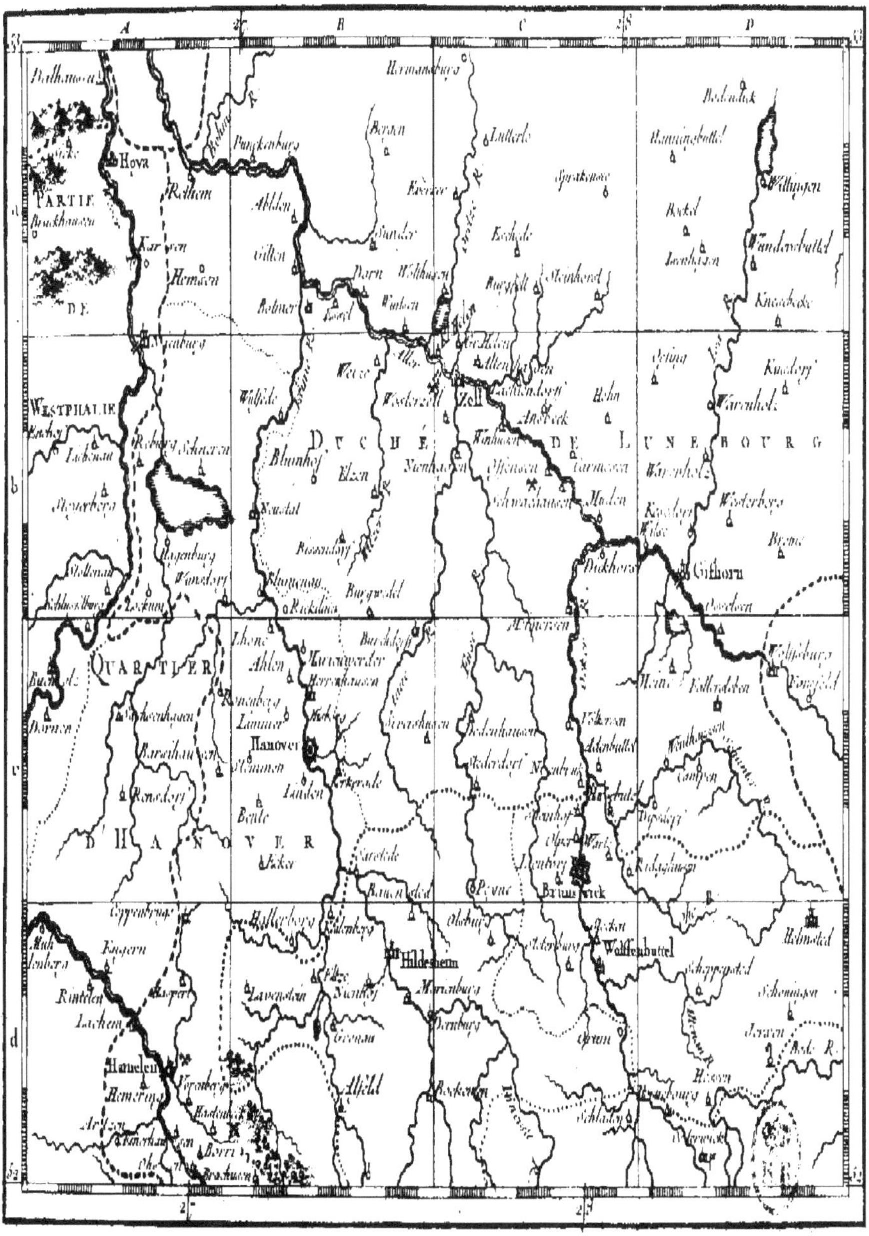

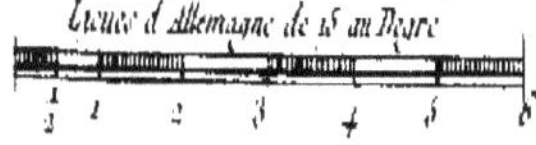

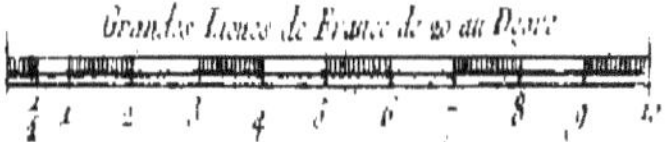

Planche 3.
E
H
53
Alentze
Tcherbellin
Gremine
Pekenen
Dam
DE BOURG
Kletz
Wustrau
Vehlsintz
Tripplz
Bredow
Buenthal
Kotzar
Ketzin
Grentz
Schwarzenf
Wilsten
Retz
Otriefeld
Lenhn
DUCH
Wendischbrok
Auchl
Belitz
Seehausen
Rödtock
Burg
Tcherleben
Gruen
Halberstat
Harz
Lienes de 20 au Degré
4   1   7   8   9

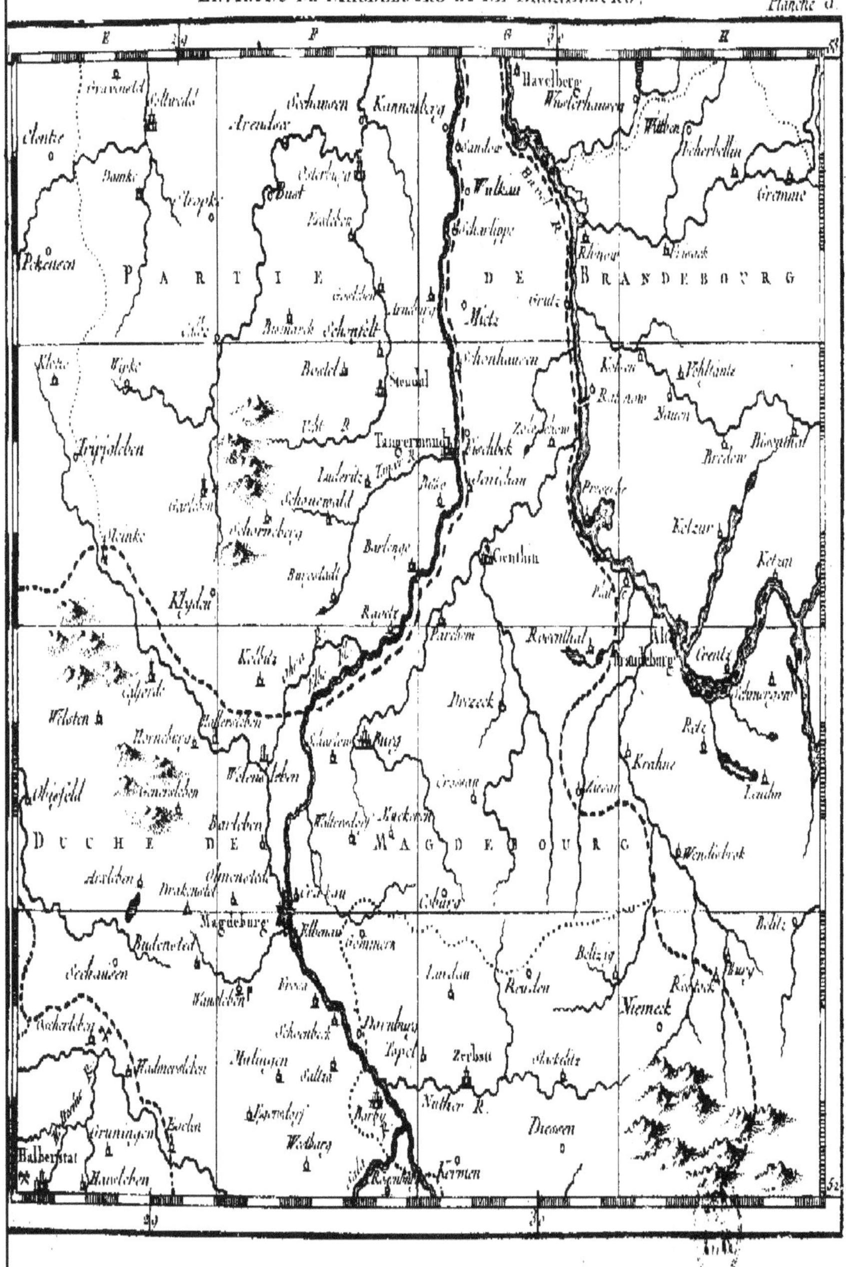
ENVIRONS DE MAGDEBOURG ET DE BRANDEBURG.
Planche 3.
PARTIE DE BRANDEBOURG
DUCHÉ DE MAGDEBOURG
Havelberg
Wolsterhausen
Sandau
Wulkau
Werben
Rhenow
Schonhausen
Tangermunde
Jerichow
Genthin
Plaue
Magdeburg
Gommern
Belzig
Zerbst
Halberstat
Lignes d'Allemagne de 15 au Degré.
Grandes Lieues de France de 20 au Degré.

Planche 4
LE KONOR BELT
ER
PRINCIPAUTE
DE RUGEN
Vick
Spiker
Berghen
Putbus
Guscow
Hasen
le Port
Stubber
Cw ke
Ludwigsbor
Wolgast
walde
karmin
Da
DUCHE
Pudals
Rostzkow
Reutzin
Stolpe
Anclam
Renen
Crne
Uk münde
Lutkow
Clempenow
Glin
Loitz
Gad
ptow
Statoe
Fredeland
With
Torgelow
Hage
Jasenicke
Sachow
Brandeburg
Passewalke
Lieues de France de 20 au Degre
3 4 5 6 7 8 9 10

Lieues d'Allemagne de 15 au Degré
1 2 3 4 5 6

Grandes Lieues de France de 20 au Degré
1 2 3 4 5 6 7 8 9 10

E 35 H
ershaus
Eett
Sandwick
Swanck
Rottenbo
Nex
I DE BORNE
Rumpke
Labentz
Lebe
Garbereux
Lebine
Sonvelin
Frist LOUWEMBOURG
Pte
Schurow
Buckstoin
Hochsenberg
Luppkel
Stolpe
Lac et Source de Stolpe
Lancke
DESERT
DE
LDOW
DE
Wolline
SE
Werhou
Kaurelow
Stependt
Browne
enborg
Lubb
Hine
LIEUE
Lieues Allemandes 20 au Degré
1 2 3 7 8 9 10

BALTIQUE
I DE BORNHOLM
Hammershus
Ertholm
Sandwick
Swanck
Rottenbu
Nar
Rumpke
Labenz
Lehe
Garbenow
Lebine
Rowe
Smoldin
Govelin
Glowe
Gardz
Wintershagen
Frat Louwembourg
pt
Rogenstein
Scharow
Buckelow
Stolpe
Wardenin
La Tour R.
Hochenberg
Rugenwalde
Rebelin
Lupow
Lupghoke I.
Plage
Zirchow
Budow
Manow
Quakenberg
Stolpe
Orange
Trebbelin
Lac et Source de Stolpe
Buckow
Treton
Butow
Lanow
Vellin
Waldow
pt
Cosemue
Cötlin
Pobkeur
Ramelsbg
Lancke
Collberg
Corlin
Peterow
DESERT
Garben
Mawie
Rowenow
DE
Langenhagen
Balast
WALDOW
Neu Treptow
Moebantz
Bablie
Belkow
Kawantz
Thom Hawe
Neu Stettin
Hamerstein
DE POMERANIE
Schöneitz
Camin
puchu
Raddim
Arnhusen
Berwolde
PRUSSE
Wolin
Grefenberg
Schiloholin
Willem L.
Wehow
Regenwolde
Nahnerow
Lupacu
Dameroit
Rauedestorp
Saboto
Schrummel
Drahem
Vansezoo
Newgarten
Honet
Falkemberg
Platenit
Stepenitz
Colnow
Draumburg
Krone
Broane
Prienewdik
Landek
Jacobs
kerborg
Trunkura
Froslin
Lubbean
Hagen
Drawnick
Nichou
Hinschendorp
Rawunkel
tener à Allemagne de 15 au degré
1 2 3 4 5 6
Grandes Lieues de France de 20 au Degré
1 2 3 4 5 6 7 8 9 10

Planche 6

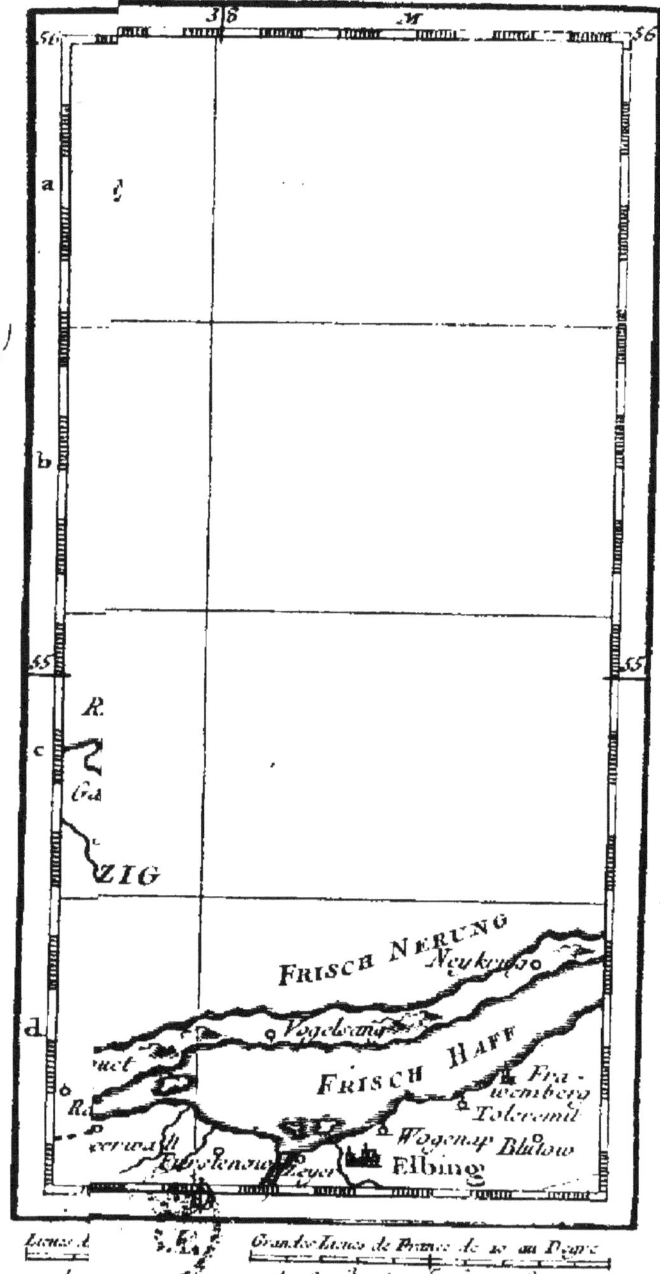

MER BALTIQUE
Runpke
Zernowitz
Liebe
Labonty
Warremin
Rose
Garberow
Pautzker
Wick
Hela
Lebine
Smolsm
Louwembourg
Garde
Zawelin
Pautzke
Dammen
Stolpe
Buckowin
Thunemore
RADE DE DANTZIG
Lupow
Brunzaw
Hocksenberg
Matern
Hamer
FRISCH NERUNG
Neukrug
Buckowin
Oliva
Monde
Vogelsang
Butow
FRISCH HAFF
Waldow
Houet
Mirchaw
Hedigberg
Rechtenberg
Fra-
wemberg
Ramsberg
Lancke
Praust
Kesemar
Tolkemit
Leskow
Wogenap
Blutsce
Buta
Lukow
Langenaw
Subdaw
Elbing

Lieues d'Allemagne de 15 au Degré.
1 2 3 4 5 6
Grandes Lieues d. France de 20 au Degré.
1 2 3 4 5 6 7 8 9 10

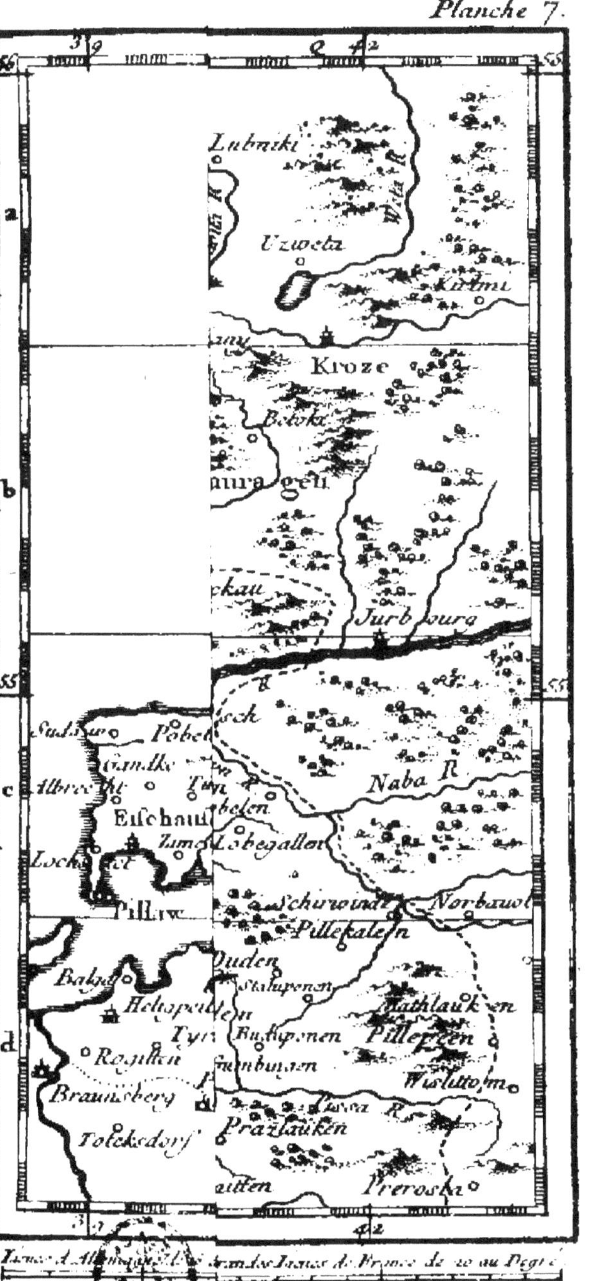
Lubniki
Uzweta
Kutmi
Kroze
Betoka
Jurbourg
Naba R.
Pobet
Gandke
Albrecht
Eischau
Lochstet
Pillaw
Lobegallen
Schirwindt
Norbawl
Pillekalen
Duden
Stalupenen
Balga
Mathlauken
Heliopoldten
Pilleceen
Tyr
Ruskiponen
Rosillen
Braunsberg
Wislutto m.
Tolckedorf
Prazlauken
Preroshi

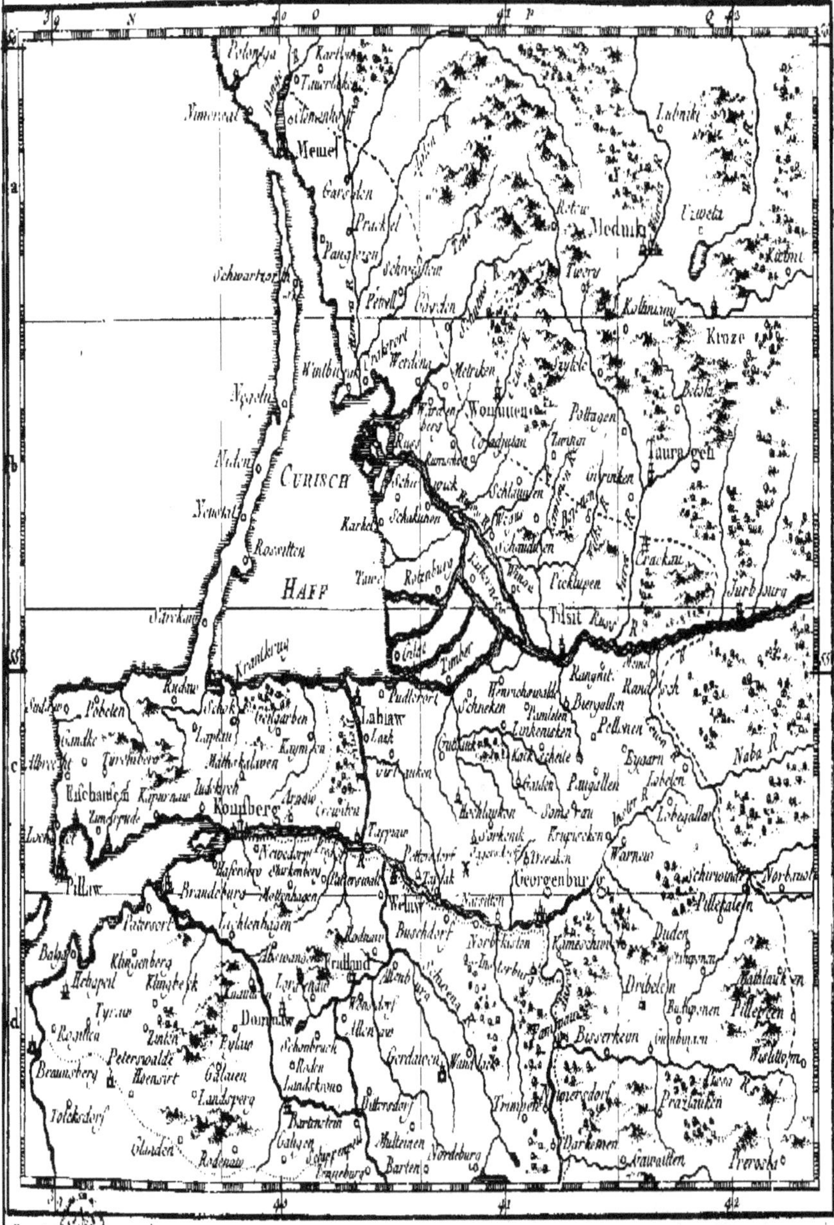
Polongza
Kartuw
Tauerlak
Nimenat
Rotlemenho
Memel
Gareiken
Prackel
Mednik
Uzweta
Pangeren
Schweighen
Karim
Schwartzorth
Petell
Garden
Twory
Kolbnamy
Kinze
Winlbirg
Crokport
Werdena
Metruken
Zyklo
Betska
Ngodu
Warden
berg
Woinlten
Pottagen
Rues
Curschulan
Tawian
Niden
Curisch
Schumuuk
Schlaugen
Taura ech
Newkl
Karkel
Ramoska
Wisw
inyunken
Roswitten
Schukunen
Schmalken
HAFF
Tawe
Rotenburg
Luknewexa
Winae
Picklupen
Crackan
Jurbburg
Sarekau
Inlse
Timber
Tilsit Ruos R
Kranksug
Pudlsport
Memel
Ruckaw
Schneken
Henrichswald
Rangnut
Rand och
Sudkev
Pobelen
Schok
Geilgarben
Pamilen
Biergallen
Pellxnen
Naba R
Gmdke
Laplau
Kaymen
Lahiaw
Lenkenuken
Albrecht
Turchabers
Mathekdawen
Lazk
Gruchlak
Kaik
chele
Eyearn
Jabelen
Euchauen
Kiprwnau
Judchroh
Arqau
curl auken
Grmbn
Pangallen
Lobegallen
Zumelgrude
Grewben
Haschlapken
Some au
Loch
Komberg
Tappau
Pettrxdorf
Sorkonik
Krupxeken
Warnau
Pillaw
Brandeburg
Newedorp
Hafenbcv
Durkenbvu
Puttenwall
Tuylak
Kxeorgenbur g
chirwowa
Norbrusl
Rottenhausen
Welruv
Nausitten
Pillekalen
Patewort
Lichtenhausen
Rodnau
Buschdorf
Norbkusten
Kameschwn
Duden
Baba
Klingenberg
Abewana
Tralland
Insterburg
Uribelen
Hebapel
Klingbesk
Laud
Lord naie
Memb
Schoena
Bachponen
Pillepnen
Tyrau
Domnav
Wundorf
Rathlauken
Rozilea
Zinten
Pylaw
Schombrach
Menaw
Gerdaten
Wand lack
Busserkeun
Grmbnnm
Wuldtom
Braunsberg
Petersvalde
Gallaen
Roden
Moenxart
Landskrono
Trumpen
Nieveredorf
Prazlauken
Prevocsa
Tolckdorf
Landeperg
Butredorf
Darkemen
Arawalten
Glanden
Rodenaw
Galtjen
Burtnxten
Multeinen
Nordeburg
Schuppinqpun
Barten
Franeburg

Lieues d'Allemagne 15 au Degré.
Grandes Lieues de France de 20 au Degré.

Planche 8.

Strasburg
Brassow
Staryard
Wolleck
Kamerin
Pelilasind
Falkenhagen
Prenslow
Kur
Wolfshagen
Greneberg
Plenkum
Hertzfelt
Garta
Botzebregk
Zichow
Otemberg
Lychen
Verade
Templin
Steilitz
Suct
Torstow
Honnendorf
Schoneboek
Zedenick
Nau
Oder
Hennenberg
Grimnitz
Angermund
Kneith
Baroen
BRANDEBOURG
Hohensathe
ewalde
Hammer
Hotzen
Bisenthal
Neustat
Brahtz
Zehlendorf
Oderberg
Glinak
Blankensee
Braven walde
Schönhausen
Bernau
Blankenberg
Stransberg
BERLIN
Landsberg
Charlottenbourg
Cohn
Copenick
Munchenberg
Bickdorf
Furstenwalde
Schultzendorf
Sprehagen
Woltrendorf
Wusterhausen
Storkow
Dalewitz
Mittenwalde
Treupitz
Banckenn
Trebin
Zossen
Buchol
Spree R.
Luckewalde
Baruth
Schade
Lubou
uterbock
Thum
Libenau
Grandes Lieues de France de 20 au Degré
1 2 3 4 5 6 7 8 9 10

Planche 8

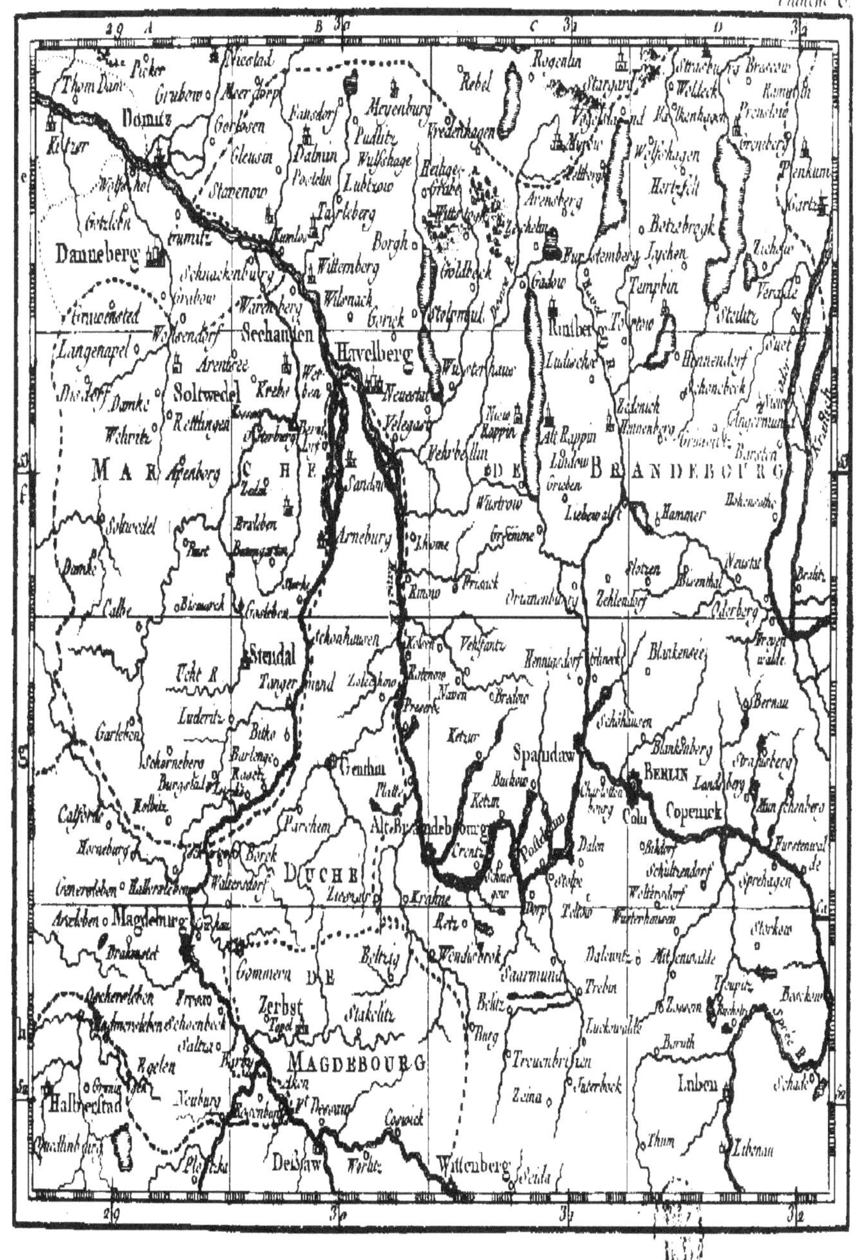

BRANDEBOURG
MARCHE
DUCHE DE MAGDEBOURG
Domitz
Danneberg
Soltwedel
Havelberg
Steudal
Tangermand
Arneburg
Sandau
Spandaw
BERLIN
Copenick
Zerbst
MAGDEBOURG
Halberstad
Quedlinburg
Dessaw
Wittenberg
Lieue d'Allemagne de 15 au Degré
Grandes lieues de France de 20 au Degré

Planche 9. 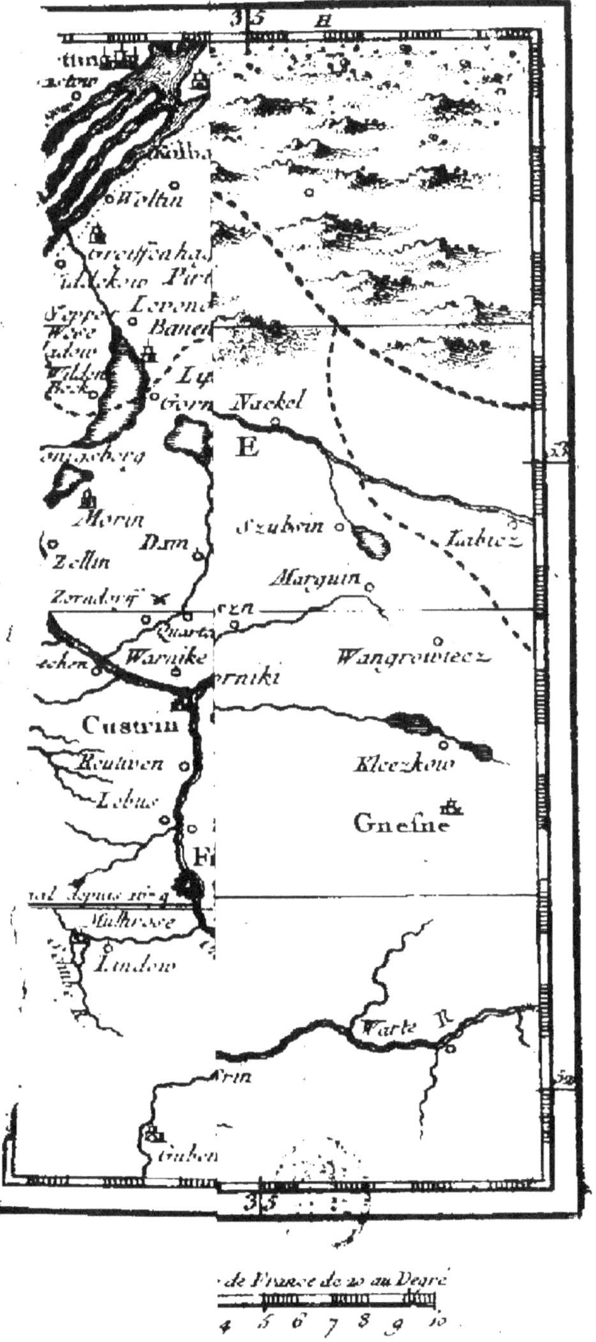
35
H
Kolb.
Woltin
Greiffenha
Pirn
Leron
Banen
Ly
Gorn
Nackel
E
Szubin
Labicz
Morin
Dan
Marquin
Zellin
Zoradorf
Quart
Warnike
Wangrowiecz
orniki
Custrin
Reutaven
Kleezkow
Lebus
Gnefne
F
Mulhrowe
Lindow
Warte R.
Crin
Graben
35
de France de 10 au Degré
4   5   6   7   8   9   10

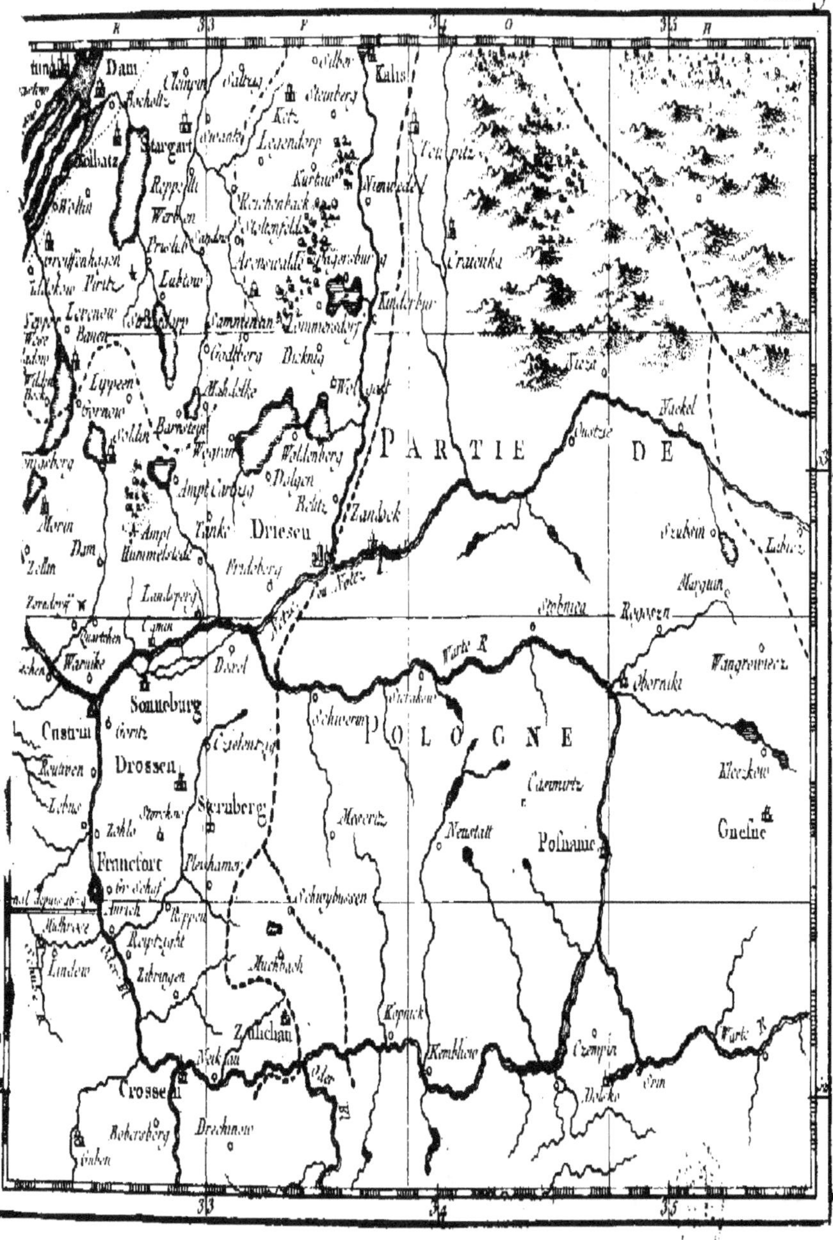
Dam
Kalis
PARTIE DE
POLOGNE
Stargart
Sonneburg
Custrin
Drossen
Sternberg
Francfort
Crossen
Zullichau
Driesen
Landsberg
Gnesne
Posnanie
Neustadt
Oberniki
Warte R.
Lieues d'Allemagne de 15 au Degré
1 2 3 4 5 6
Grandes Lieues de France de 20 au Degré
1 2 3 4 5 6 7 8 9 10

Marienburg
Holland
Königsdorf
Hirschfeld
Baumgart
Dolstel
Christburg
Niewalde
Stum
Spears
Simonau
Hanau
Abet
Gilgell
Dackau
Weynerdorf
Dittrichswalde
Marienwerder
Albrechtau
Löbenau
Grebour
Rosenburg
Zubr
Fuselburg
Rosenberg
Gardense
Tromena
Tilowalde
Freistadt
Graupen
Boschy
Liebenfelt
Wensek
Golmen
Luten
Kurpsk
Emplobago
Beltz
Neumark
Löbau
Skaden
Reden
Dettrowitz
Bereudalt
Pilschen
Kawennu
Nussen
Gnicken
Friedek
Robrava
Celantha
Brodnitz
Rodzko
Schwengen
Dervent
Rypina
Gedero
Village
Arnst
Lipna
PALATINAT
DE
Plonck
DOBRZIN
Drobinz
wladiflaw
Dobrzin
Plocko
Przot

Lieue 1
Grandes Lieues de France de 25 au Degré

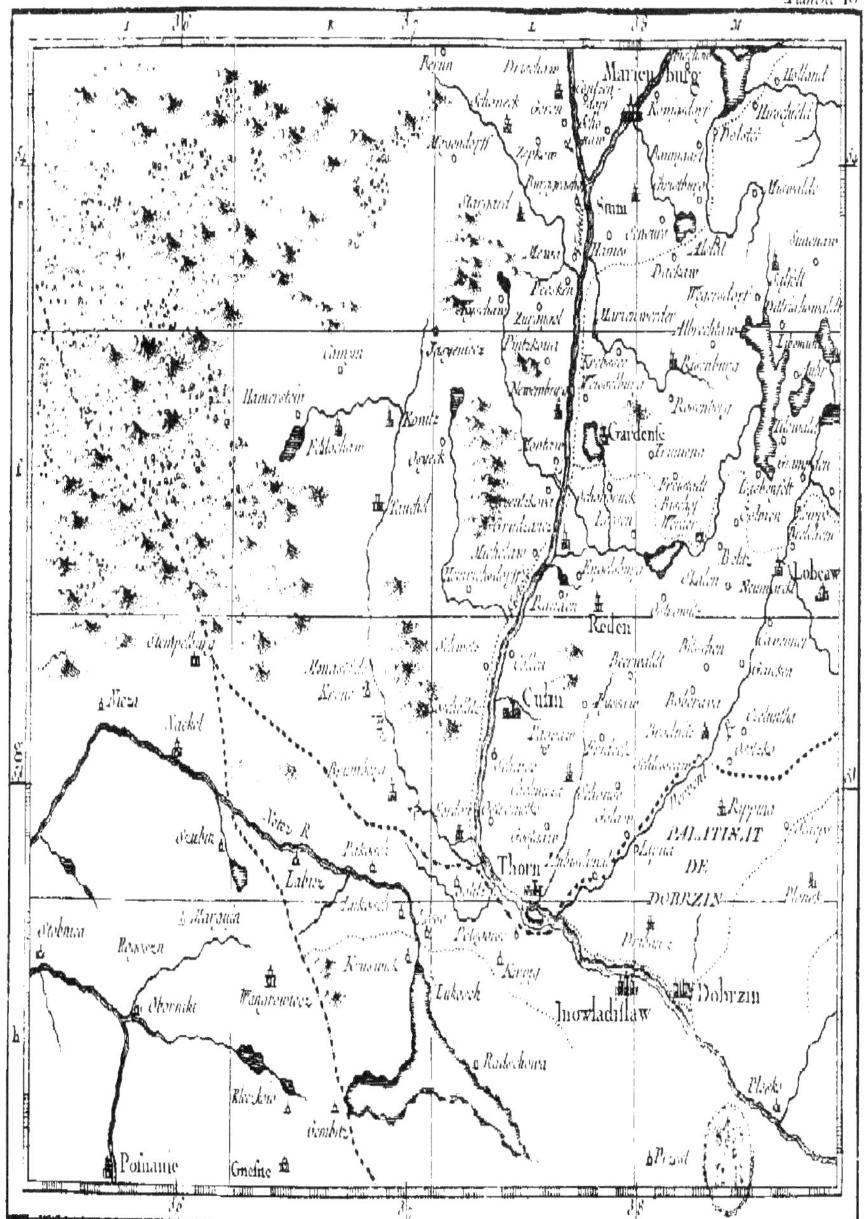

Marienburg
Thorn
Culm
Reden
Gardente
Lobcaw
Dobrzin
Inowladillaw
PALATINAT DE DOBRZIN
Pomanie
Gnesne

Goldap
Schonsjarken
Dober
Schmauck
Sperling
Wpenee
Libelut
Mern ust
Doliven
Wecholoun
Warning
Pohmen
Oletzke
Eckersdorff
Stradan
Macrabour
Locken
Lick
Maraces
Osterod
klaus
Risanizen
Arrau
Uscurn
Crapehum
Thawe
Trimull
Roschintzke
Ruanedt
Gilgenburg
Gafa
Leuralat
Ruchau
Schleffke
Sorwen
Lullenburg
Lantzke
Gorunte
Gneura
Kolno
Schrunsky
Wisna
R. Lumza
Tykoezin
Suras
Zambrow
Bransk
Wissegrod
Nareu R.
Scrolzack

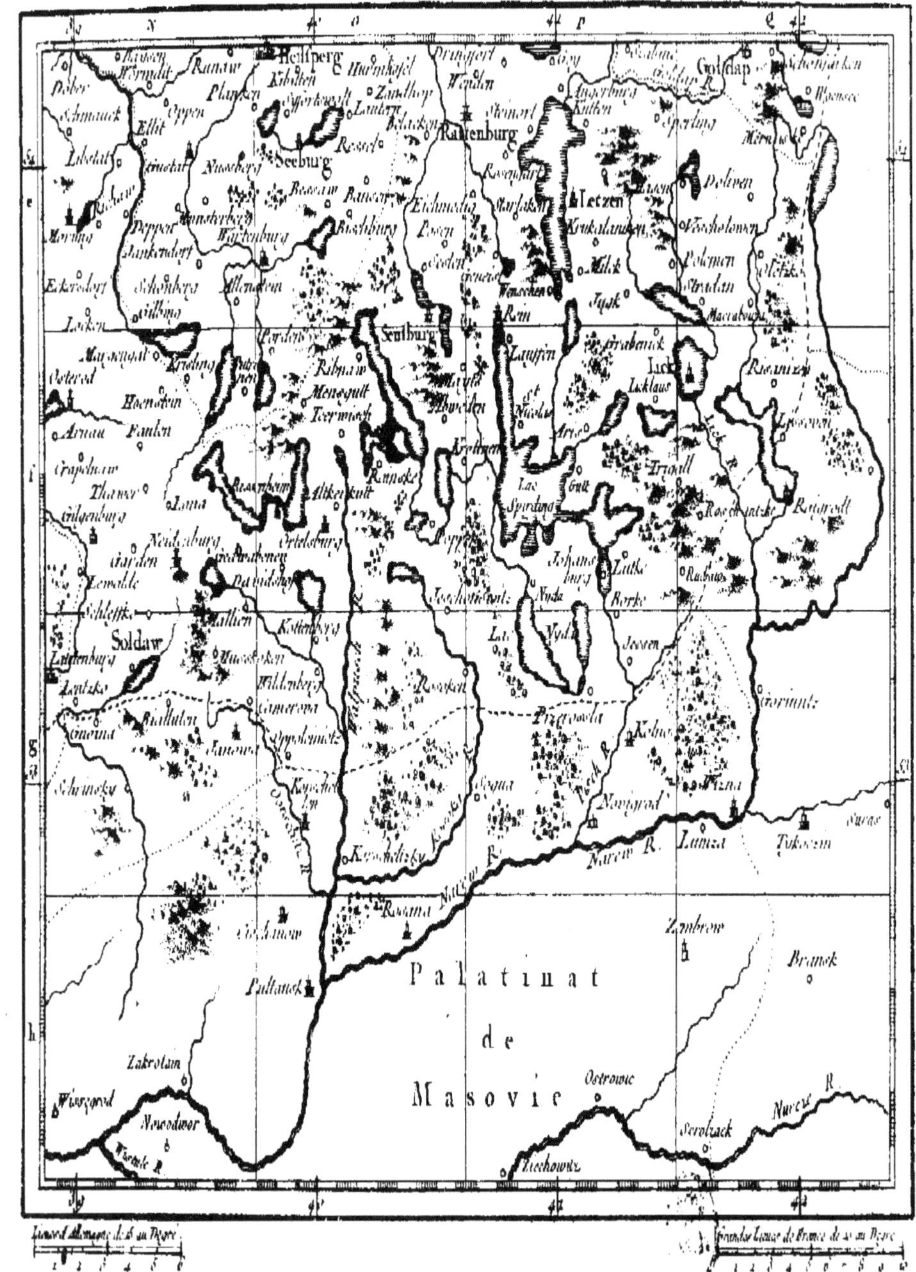
Heilsperg
Goldap
Rastenburg
Letzen
Lick
Sensburg
Soldaw
Ortelsburg
Neidenburg
Gilgenburg
Johannsburg
Palatinat
de
Masovie
Pultausk
Zakrotsin
Wisegrod
Nenodwor
Ostrowic
Bransk
Zambrow
Narew R.
Bug R.
Lieue d'Allemagne de 15 au Degré
Grandes Lieues de France de 20 au Degré

H
Kratus
Ottenborp
Dienberp
Am
Schepperck
Ameronsengraden
Ahur
e
Stalloon
Emgelborg
Partie   de
Sa   Sa
Gscher
Loberg
Culenberg   Rochman
Am
Coesfelt
nen   Teklen
f
Bommel   e h   e   d e
Borcken   Mervelt
St Andre Ruesfelt
Munfter
Houden Ceriken   Lembeck
Halteren
Gescherenbeck
Lupp
Plueren
D
Vulhanberg   Dorsten
Heine
g
Bl
Recklinshausen
Ocherrate
Bor
Tro
Ooterfelt
R
Intheer R   Grumberg
Bockum
Herpport   Aldstan
Essen
rg   Styrum
Steyll
uck   Ketwick
Rer
Rerol   germund   Werden
Hattingen
Rattnen   Langenberg
Beyerworth   Bdman
Mrerfelt
G.R.
Lieues d'Al   née de 20 au Degré
4   5   6   7   8   9   10

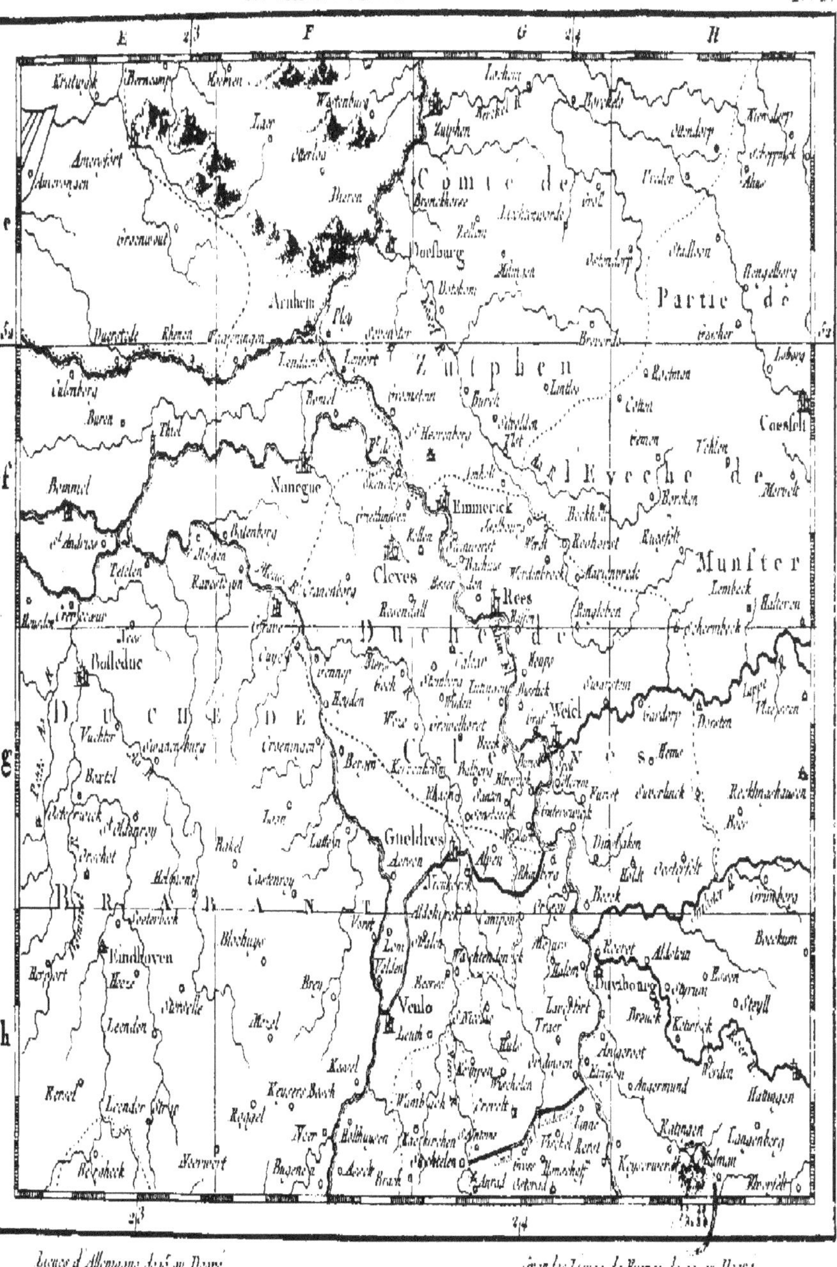

Lieues d'Allemagne de 15 au Degré.

Grandes Lieues de France de 20 au Degré.

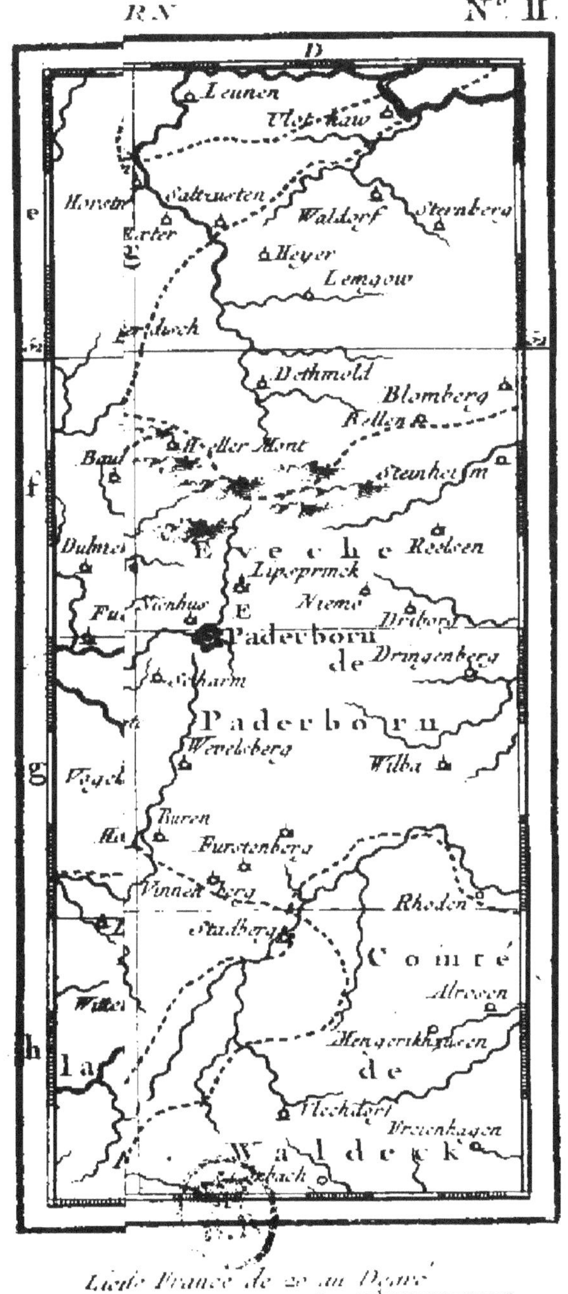
D
Leunen
Ulepskaw
Monstr   Saltrueten
Darter   Waldorf   Sternberg
e   Heyer
Lemgow
erdbach
Dethmold   Blomberg
Fellen R.
Baud   Heller Mont
Steinheim
Dulmes   Rödeen
E v e c h e
Lipeprinck
Vanhus   E   Niemo   Dribor
Fue   Paderborn   Drangenberg
Scharm   de
P a d e r b o r n
Wewelsberg   Wilba
g   Figgel   Buren
Ha   Furstenberg
Vinnen berg   Rhoden
Stadberg   C o m t é
Willer   Alraen
Mengerikhjusen
h   la   de
Flechtdorf
Wreienhagen
Adenbach   W a l d e c k
Lieue France de 20 au Degré

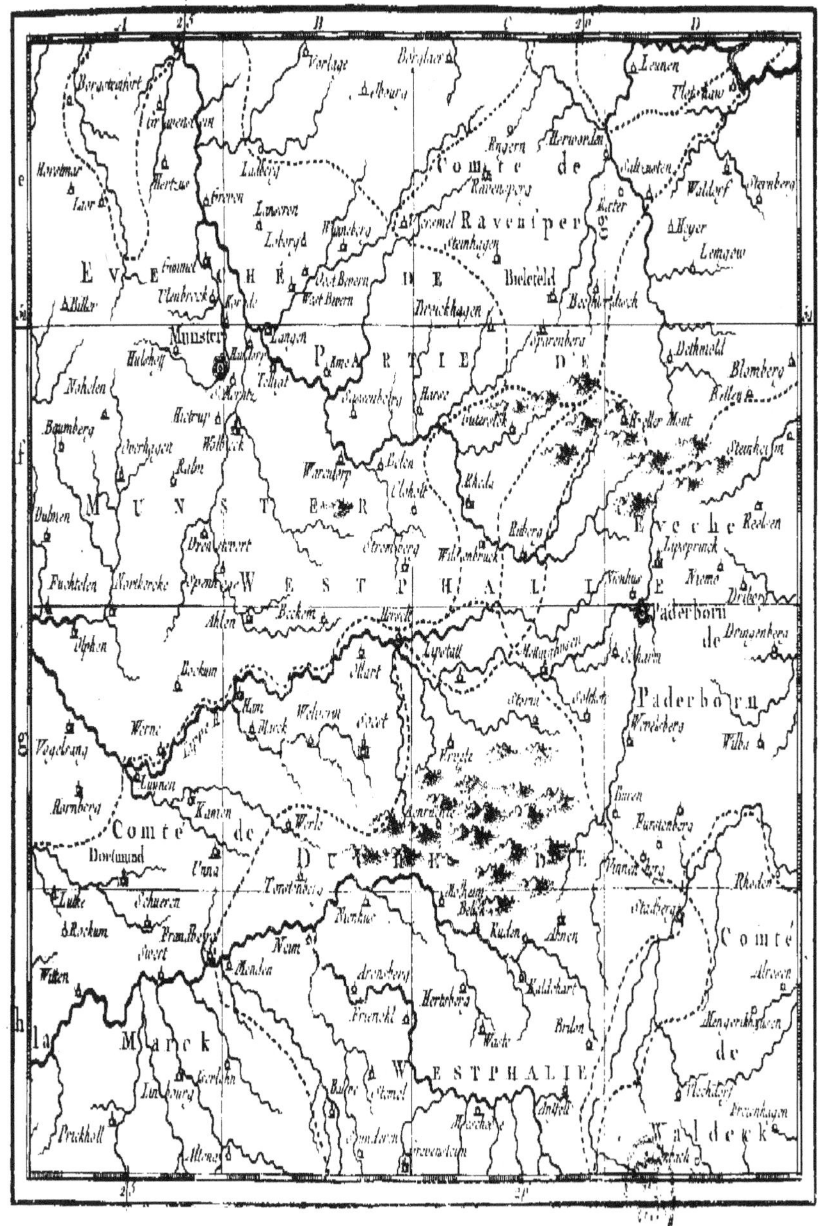

ENVIRONS DE MUNSTER ET DE PADERBORN
N.º II.
Lieues d'Allemagne de 15 au Degré
Grandes Lieues de France de 20 au Degré

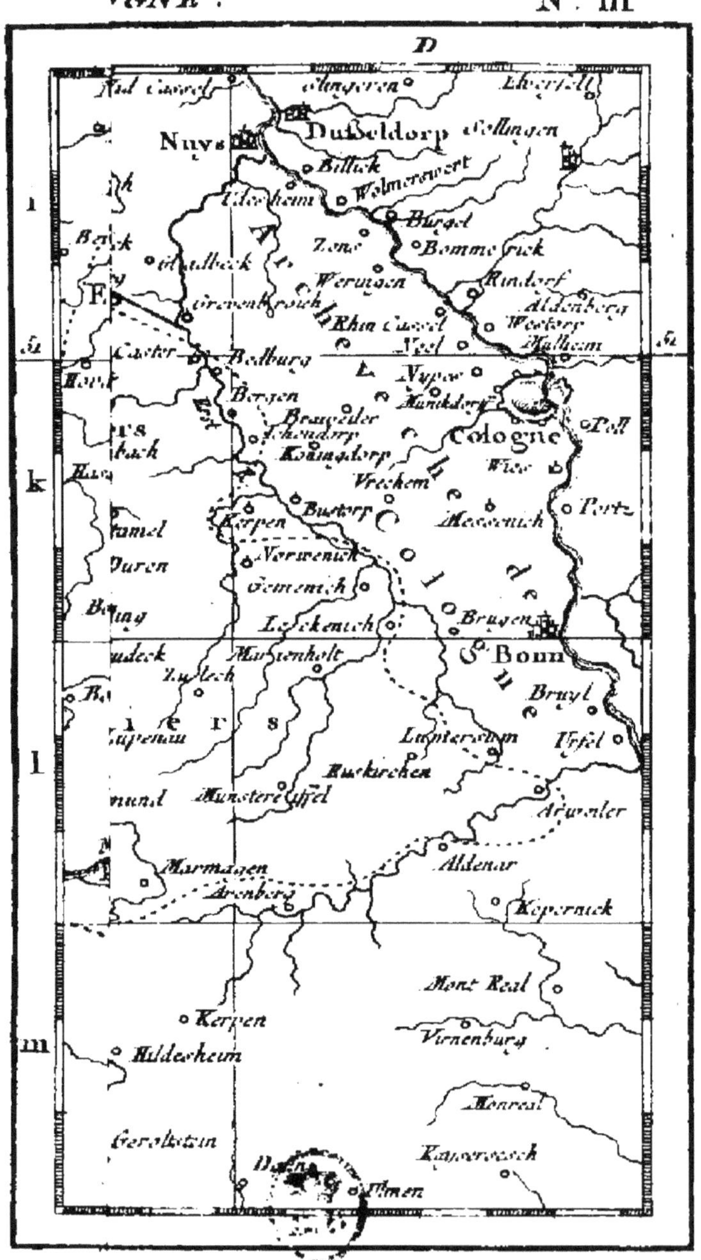
D
Nad Cuwol
Glangoven
Elverfeld
Nuys
Dusseldorp
Sollingen
Billick
Wolmorswort
Idesheim
Burgel
Bonck
Zone
Bommerick
Mulbeck
Werungen
Rindorf
Grevenbroich
Aldenberg
Rhin Cuwol
Westerv
Neel
Mulheim
Caster
Bedburg
L
Nyper
Bergen
Munckdorf
Brauiler
Cologne
Poll
Schendorp
Wise
Koningdorp
Vrechem
Kerpen
Bustorp
Messenuch
Portz
Vorwenich
Gemenich
Leckenich
Brauen
udeck
Mussenholt
Boon
Zulech
Bruyl
R.
Lupenau
Lumerstein
Uffel
Euskirchen
nand
Munstere Uffel
Aruailer
M
Marmagen
Aldenar
Arenberg
Kopernick
Mont Real
Kerpen
Virnenburg
Hildesheim
Monreal
Geroletein
Kaperoesch
Dan
Ulmen
des Lieues de France de 20 au Degré
2 3 4 5 6 7 8 9 10

A
B
C
D
Neer Peel
Brausdonck
Nederen
Brungen
Sid Cassel
Ohnyeren
Hoerdelt
Hamont
Weert
Nienberg
Brussen
Tween
Dubeldorp
Collagen
Loenel
Lira
Nuys
Bellick
Rechtel
Peer
Ruremonde
Dulcken
Gladbach
Odekirch
T. Ischeum
Wolmerswert
Beverloe
Brev
Hoowen
Montfort
Malech
Valenbrouch
Wikrad
Zurduck
Burod
Bomme Snick
Helchteren
Maseyck
Stuegenswert
Wassenberg
Erckelen
Kalsemberg
Stallock
Werman
Rindorf
Aldenberg
Eve che de
Neuekelen
Quatzen
Hemsberg
Hill
Breitl
Grevenbroich
Rhein Cassel
Weetory
Hugelhoven
Duche
de
Lennich
Caster
Bedburg
Veel
Mulheim
Borart
Tuddere
Handorpadt
Merren
Toh
Bergen
Vype
Otecheim
Grangelt
Mankdorp
Liege
Berch
Smart
Genekirchem
Andenhof
Juliers
Braweiler
Cologne
Poll
Diepenbeck
Luyt
Incherwd
Florich
Hambach
Schendorp
Koningsdorp
Vrechem
Vive
Kmert
Kokem
Elsloe
Sichonen
Mertzen
Koningsdorp
Mesenich
Port
Munster Bilsen
Hontem
Eschw
Stamel
Karpen
Budorp
Biben
Maestricht
Turen
Fauquemont
Lovenberg
Vervenich
La Condruy
Leonel
Vdre
Duren
Gemenich
Wonck
Limpel
Warsden
Hochwiller
Oding
Leschenich
Brugensn
Borckloen
Heer
Fauchot
Aix la Chapelle
Winau
Tongres
Nau
Druyt
Oraboch
Lugil
Zum
Neudeck
Murgenhote
S.t Bonn
Borshworm
Milmont
Dalem
Wittem
Juliers
Luplich
Bruyl
Liege
Jupille
Melanem
Henry Chapelle
Manster
Katyen
Hermbuch
Lichterloen
Vriel
Fretles
Heyotte
Charneu
Walhorn
Mengoe
Gemund
Ruchirchen
Chenee
Baustas
Limbourg
Ezgeeh
Munstereyfel
Ariesder
Huy
Meuse R.
Herve
Weser R.
Limbourg
Balen
Schleyde
Murmagen
Aldenar
Tuf
Franchimont
Verviers
Arenberg
Keperneck
Reifferschaid
Verlen
Spa
Dilingern
Mont Real
Bohental
Stand
Cronenbург
Kerpen
Vorenburg
Ochen
Durbourg
Malmedy
Hildesheim
Hotton
Salonville
St Vat
Gerolstein
Monreal
Kapperwerch
Marche
Calm
Wampach
Prum
Dalen
Ulmen

28
B
Lauenstein
Wernigerode
Harzrode
Neustad
Reinsten
Oeman
Blankenbourg
Cellerfeld
Elbinge
Altenau
Andreasberg
Huselfelde
Luterberg
Duaden
Strasburg
Uhingeroda
Hohensten
Schartzfeld
Walckenried
Nordhausen
Klettenberg
rbach
Wina
Duderstat
Stockey
Bleichenroda
Heringen
Statt Vorhao
A N D G R A V
Lhor
Ursel
Duna
T H U R I N G
Keula
Feldstatt
Volckeroda
Ebeleben
Sambach
Olingen
Mulhausen
Dorla
Bolstet
Tenstalt
Langen Saltza
Renkleben
Alstattburg
Gr Tonna
Tonna
Witern
uché
Mayn
Gotha
Lib
51

Lieues de France de 20 au Degre
2   3   4   5   6   7   8   9

Lieues d'Allemagne de 15 au Degré
Grande Lieue de France de 20 au Degré

Lieues d'—de 20 au Degré.

Principauté d'Anhalt

DUCHÉ DE SAXE

MARQUISAT DE

Magdebourg · Stafurt · Neuburg · Aken · Bernburg · Dessau · Cothen · Wittemberg · Kemberg · Ragun

Hartzgeroda · Aberode · Kupferberg · Paderstadt · Wenn · Mt Petersberg · Steinhausen · Schönberg · Prettock · Althausen · Domitsch

Wypra · Mansfelt · Eisleben · Letau · Gribekenstein · Butterfeld · Brena · Leipnitz · SAXE

Berga · Sangerhausen · Artern · Hall · Piemptz · Radbarg · Landsperg · Dohtsch · Naunderf · Torgau

Kelbra · Voostat · Schrapelau · Radewel · Eilenburg · Atzen · Gossen · Luguitz · Mehara

Franckenhausen · Arlea · Queriuth · Neumsdorf · Mersebourg · Skeuditz · Poddiodi · Liunehac · Wurtzen · Dahlen

Heldrungen · Wiehe · Hornburg · Preutzfeld · Leipzig · Taucha · Kuhren · Oschaz

Kindelbruck · Beichling · Hohya · Dornden · Brachwitz · Lutzen · Treben · Mutschen · Flagel

Weissensee · Frevburg · Weissenfels · Penau · Zwenckau · Lausswig · Colditz

Butstat · Cosen · Naumbourg · Cossen · Berna · Zuka · Rochlitz · Barta

Eckartsberg · Camburg · Stössen · Osterfeld · Regau · Zeitz · Lada · Gnanstein · Geringswalde

Weimar · Dorneberg · Burgel · Jena · Madeln · Eisenberg · Grossen · DE · Mulckau

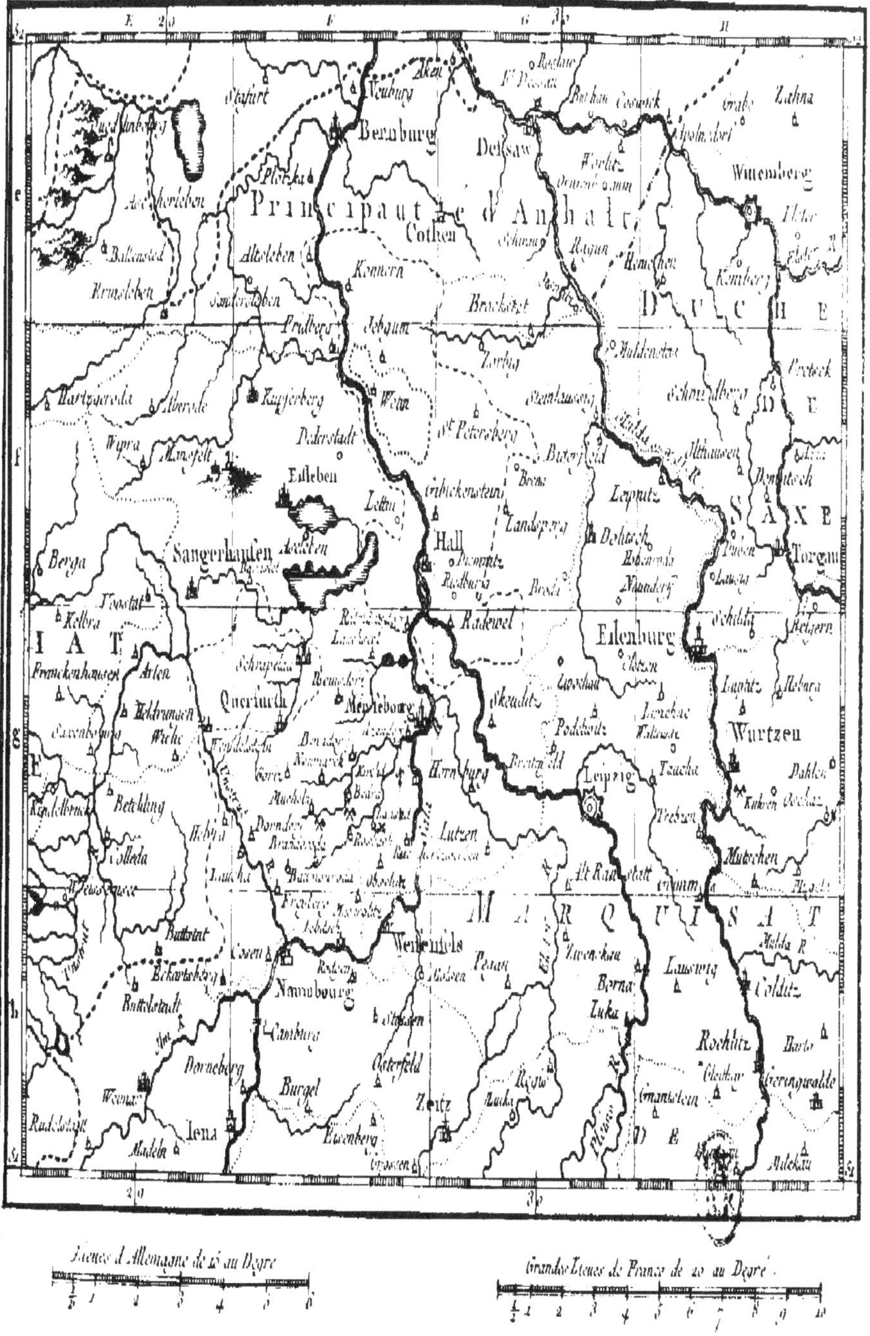

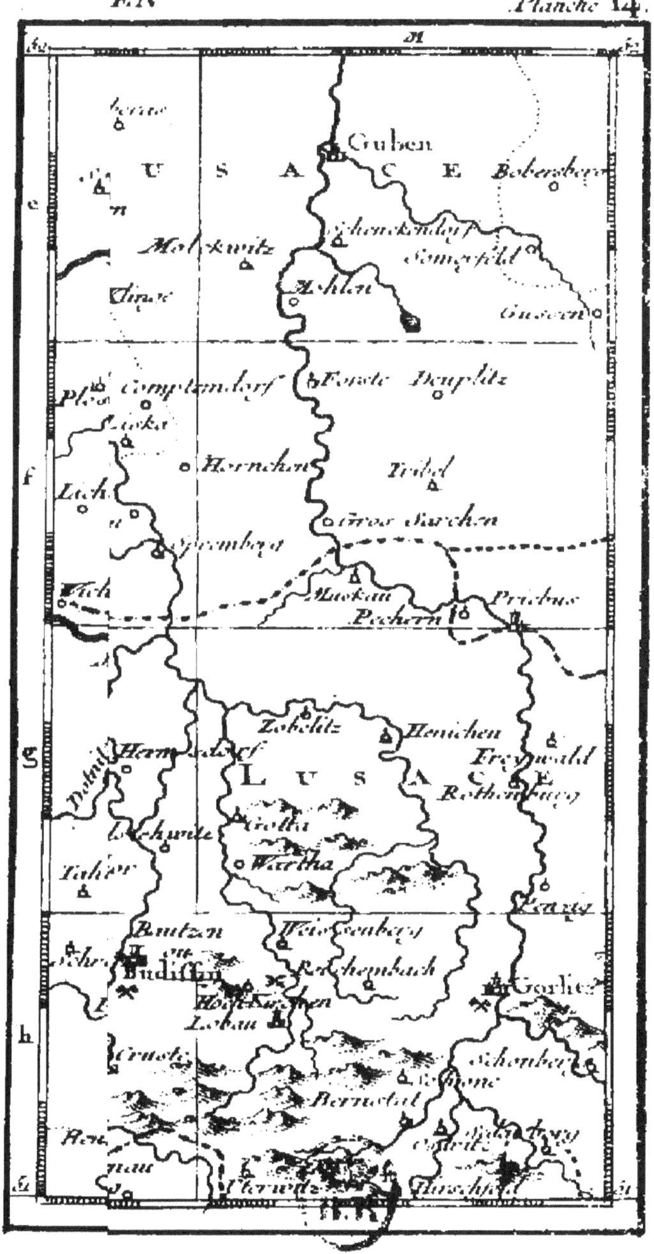
Guben
Bobersberg
LUSACE
Molkwitz
Sommerfeld
Guben
Atterw
Forste Drenlitz
Comptendorf
Triebel
Hornchen
Gross Darchen
Muskau
Priebus
Pechern
Zobelitz
Henichen
Hermsdorf
Freywald
LUSACE
Rothenburg
Trotta
Wartha
Bautzen
Weissenberg
Budissin
Reichenbach
Gorlitz
Lobau
Schonberg
Bernstadt
Zittau

PARTIE DE ... BASSE LUSACE

L'ELECTORAT

DE SAXE

PARTIE HAUTE LUSACE

DE

MISNIE

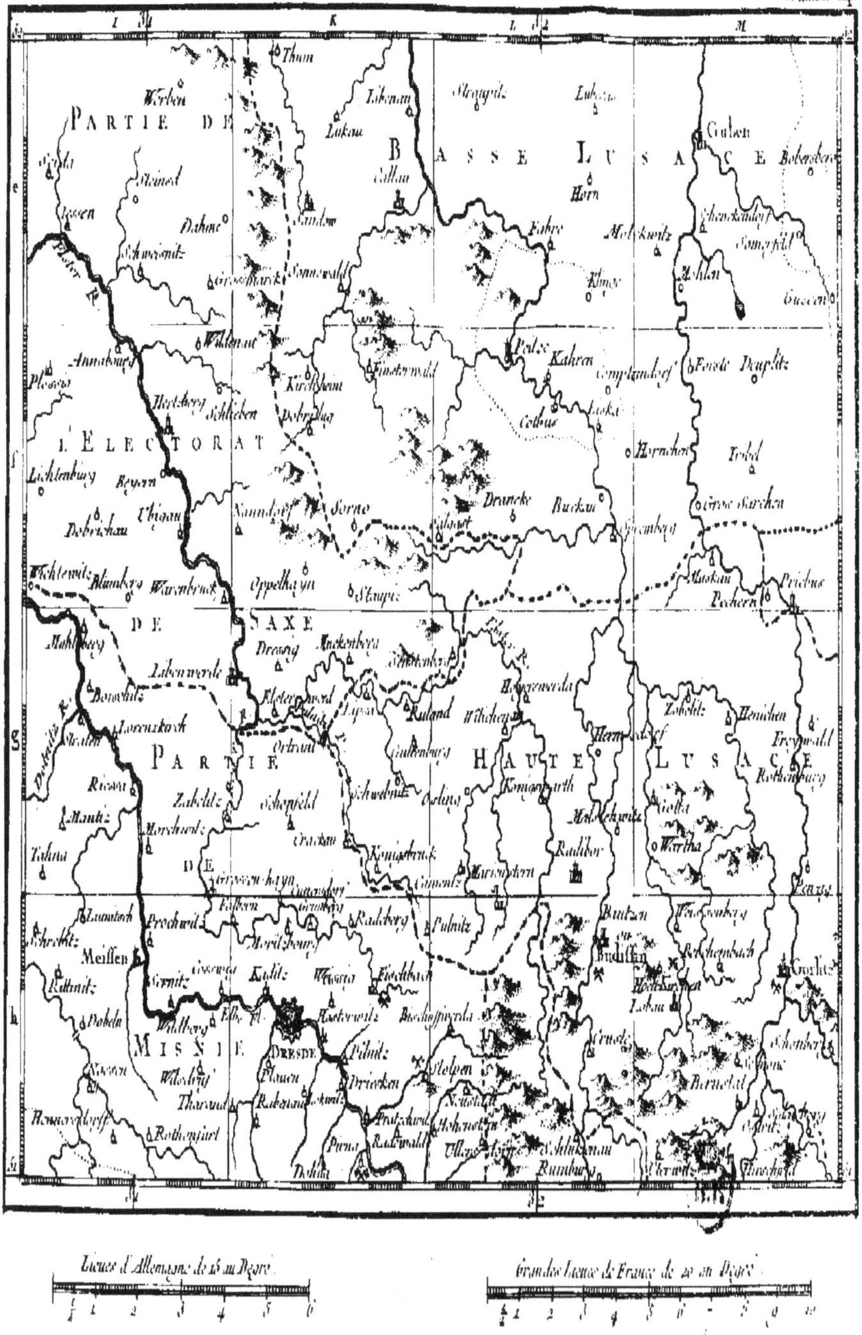

Lieues 10 au Degré

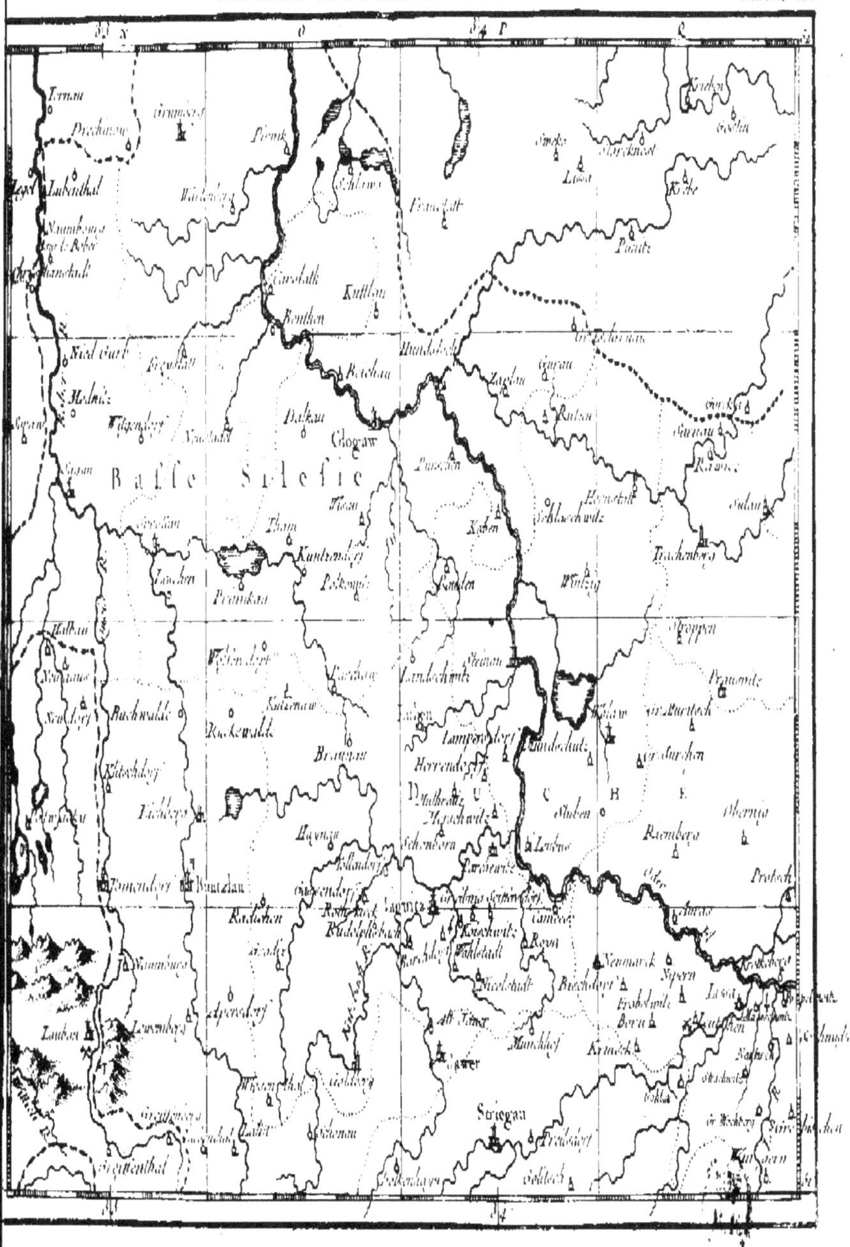
Basse Silesie
Glogaw
Bunzlau
Lauban
Spiegau
Lieues d'Allemagne de 15 au Degré
Grandes Lieues de France de 20 au Degré

Planche 16

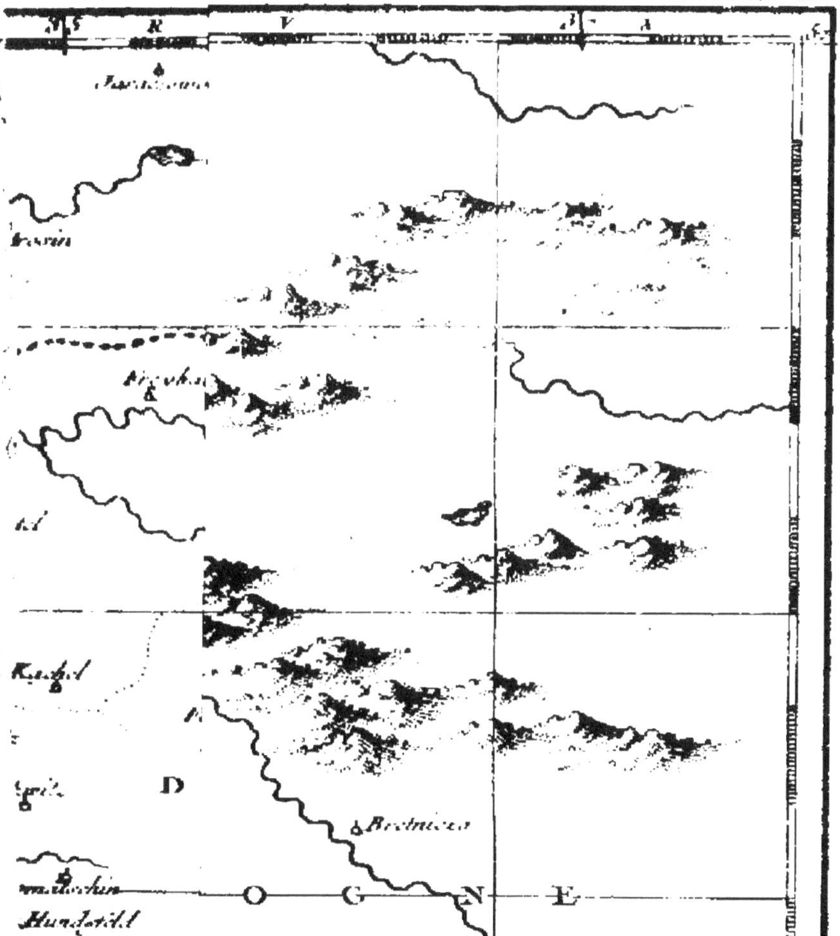

Lieues d'Allemagne de 15 au Degré

1 2 5 6 7 8 9 10

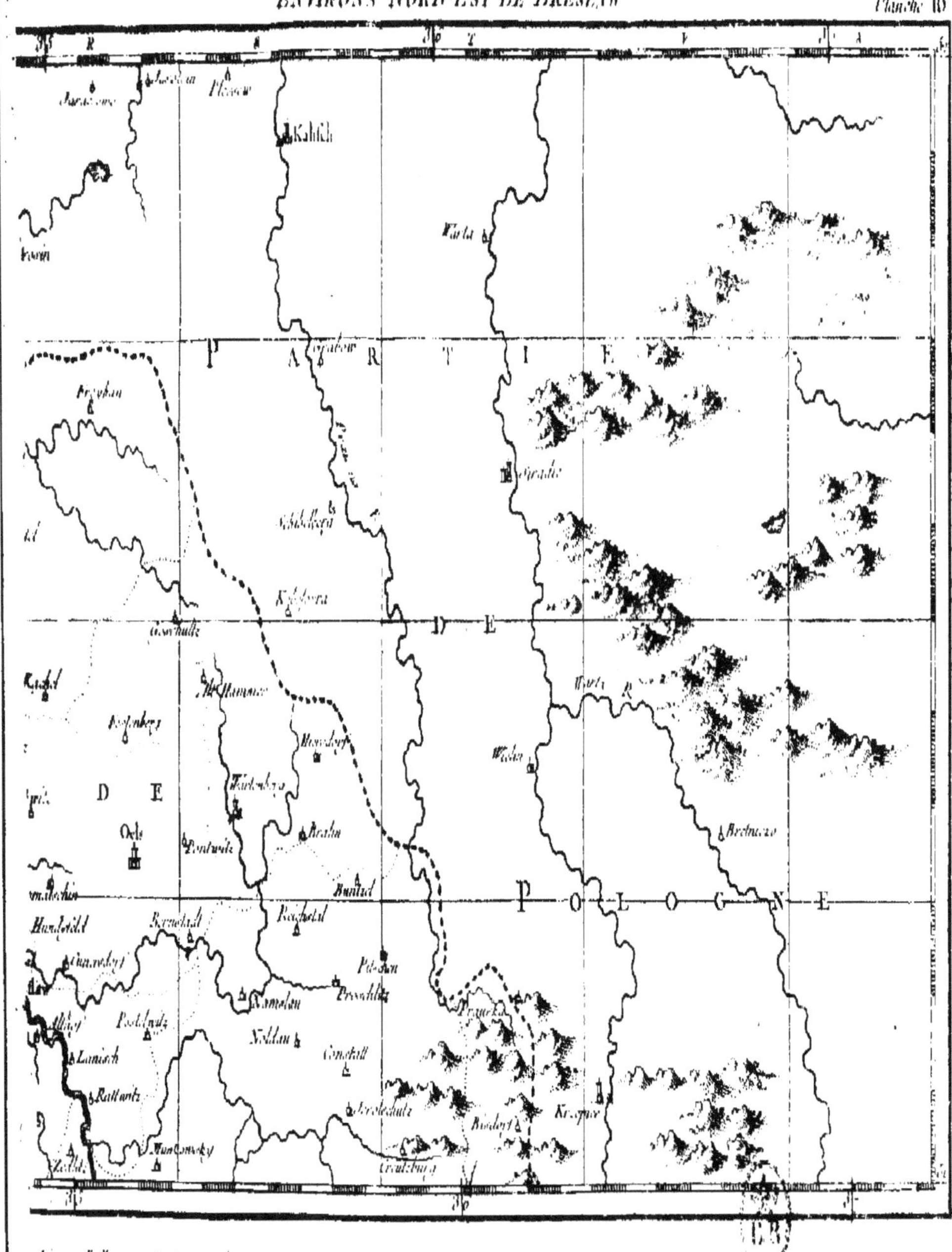
PARTIE DE
DE
POLOGNE
Kalich
Warta
Lieues d'Allemagne de 15 au Degré
Grandes Lieues de France de 20 au Degré

Duche de
Gotha
Schlerohausen
Rheinhartsbrun
Arnstatt
Ordruf
Gera
Smalkal
Ilmenau
Zilbach
Sula
Mennungen
Schleusingen
Hasfeld
e b e r g
Henneberg
Hilburg
Eisfeld
Duche
Romhilt
Sternbew
Neustatt
Coburg
Halperg
Lanckham
d e
Ermenshausen
C o b u r g
Bantz
Seslach
Staffelstein
Baunach R.
o u r g
Ebern
Königberg
Alb. R.
Zilbach
Haesfurth
Zeill
Paunach
Skelitz
Eltman
Bamberg
Lieues de France de 20 au Degre
3   4   5   6   7   8   9   10

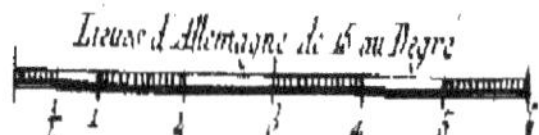
Lieues d'Allemagne de 15 au Degré

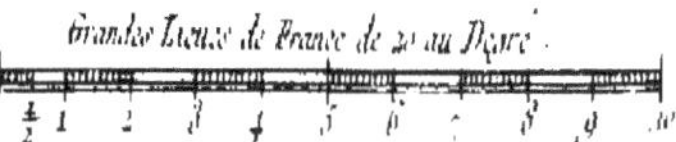
Grandes Lieues de France de 20 au Degré

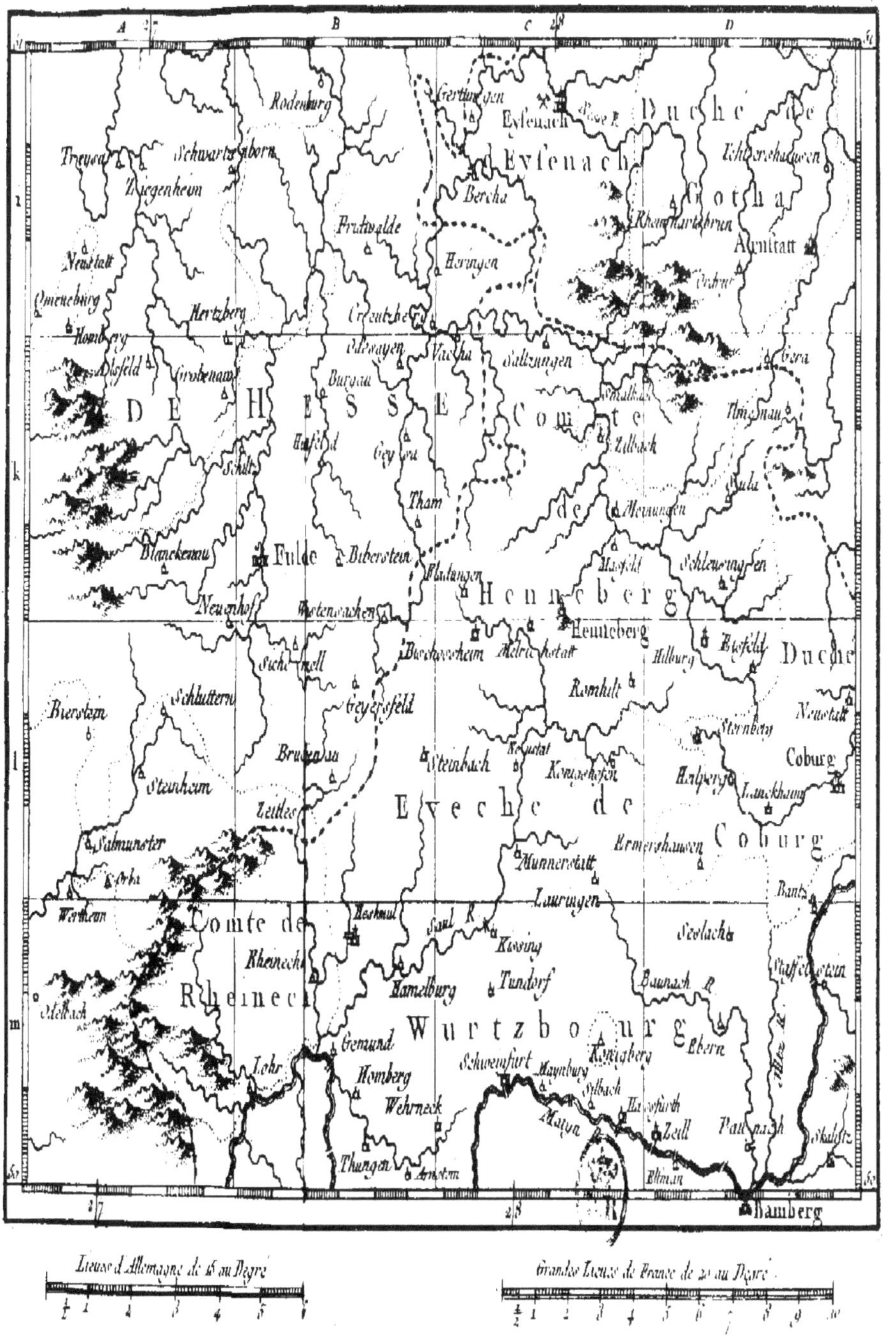

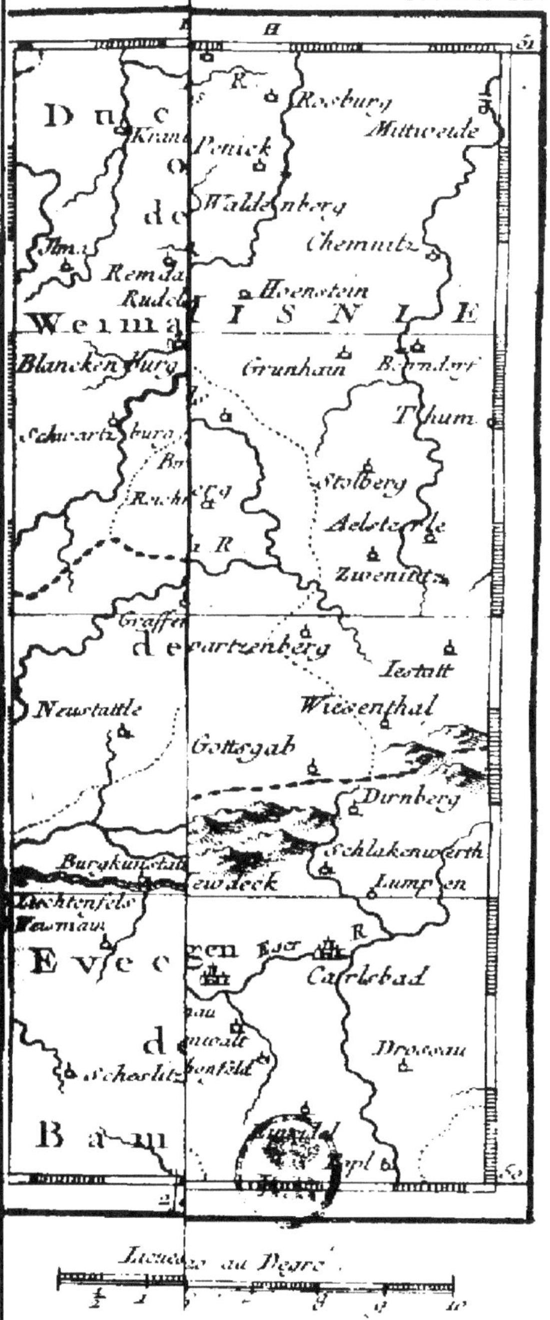

Planche 18.

Duc
o
de
Weima

Duc
Krans
Penick
Roßburg
Mittweide
Waldenberg
Chemnitz
Jln.
Remda
Rudelst
Hoenstein
ISNLE
Blanckenburg
Grunhain
Bærndorf
Schwartzburg
T'hum
Ba
Rochl
Stolberg
R
Aelsterle
Zweinitz
Graffen
d e
partzenberg
Iestalt
Neustattle
Wiesenthal
Gottsgab
Dirnberg
Burgkunstat
Schlakenwerth
ewdeck
Lumpten
Lichtenfelt
Tesman
Eger
R
Evee
gen
Carlsbad
au
walt
d
enfeld
Drosau
Scheslitz
Ba
m
pl

Lieuwes au Degré
1 1 5 9 9 10

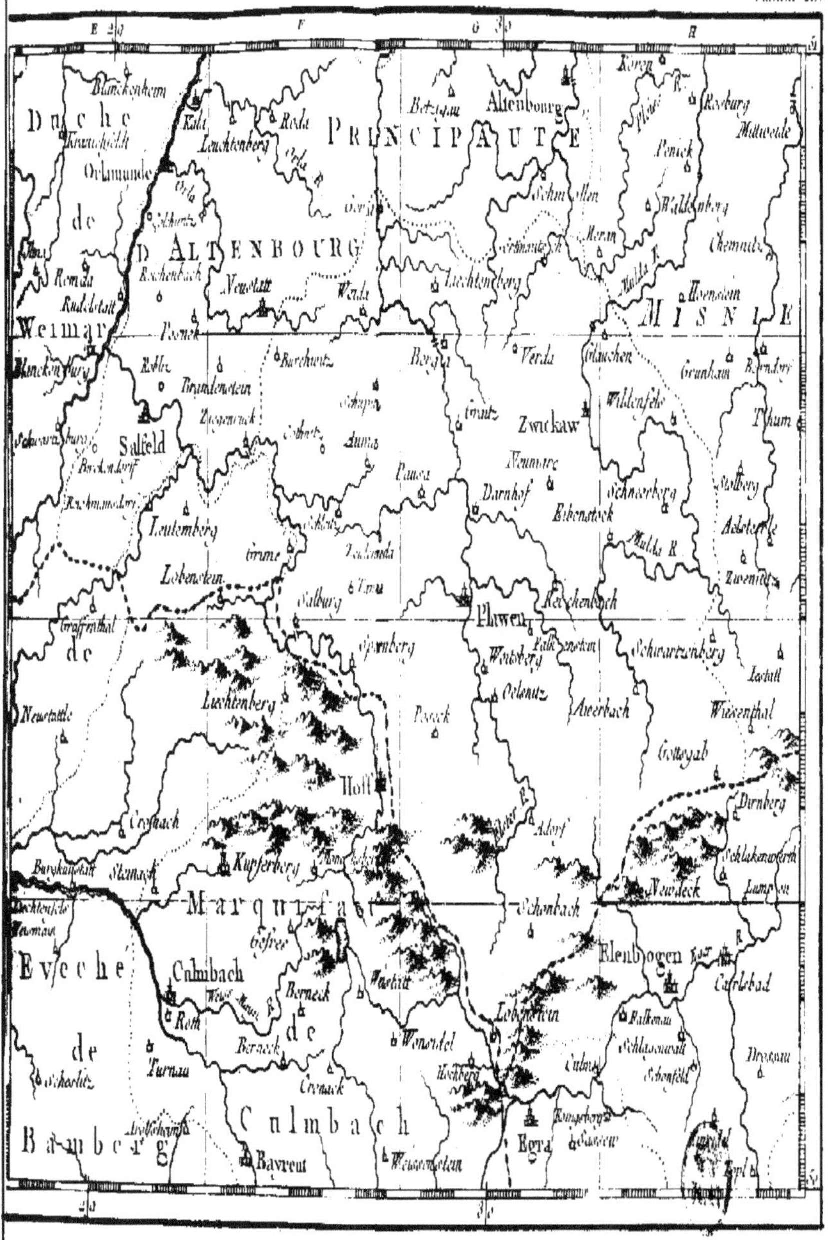
Duché
de
D'ALTENBOURG
Weimar
PRINCIPAUTE
Altenbourg
MISNIE
Blanckenheim
Kahla
Leuchtenberg
Roda
Orlamunde
Orla R.
Betzigau
Ronen
Roxburg
Mattweide
Poenick
Waldenberg
Chemnitz
Meran
Schmollen
Luchtenberg
Hoenstein
Remda
Rudolstatt
Rorhenbach
Neustatt
Werda
Poenck
Verda
Glauchen
Grunhain
Berndorf
Blanckenburg
Robla
Burchontz
Berga
Brandenstein
Ziegenruck
Schapu
Zwickaw
Wildenfels
Thum
Schwartzburg
Salfeld
Luna
Pausa
Neumarc
Darnhof
Schnoerberg
Stolberg
Breckendorf
Reichmansdorf
Cobur
Schlotz
Eibenstock
Aelsterle
Leutemberg
Greitz
Lobenstein
Schleitz
Tanna
Reichwoda
Salburg
Plauen
Reichenbach
Zwoeniiz
Malda R.
Graffenthal
Spornberg
Winsberg
Falkenstein
Schwartzenberg
Jochtl
Neustattle
Luchtenberg
Poseck
Oelsnitz
Auerbach
Wiesenthal
Gottegab
Hoff
Elster R.
Adorf
Dirnberg
Schlakenwerth
Cosp. ch
Kupferberg
Schonbach
Newdeck
Lampen
Burgkunstatt
Stainach
Dechtenfels
Neumau
Marquisat
Gefree
Elenbogen
Carlsbad
Eveché
de
Culmbach
Berneck
Wustatt
Lobenstein
Falkenau
Schlakenwalt
Rott
Wonsidel
Culma
Schonfeld
Prossau
Bamberg
Culmbach
Scheslitz
Turnau
Berneck
Creussic
Hochberg
Egra
Bayreut
Weissenstein
Ronsperg
Schossen
Toepl

Lieuse d'Allemagne de 15 au Degré.
Grandes Lieues de France de 20 au Degré.

Henichen
Freyberg
Gesellenberg
Aquiesberg
Fisch
Zehopa
Porstendorf
Geyer
Wilten
Neu Aikenhau
Marter
Lauberg
Schlertau
Schabendorf
Bresnitz
Henichen
Cattenstein
Zurrah
Grabel
Wolten
Brin
Reichelt
Preu
Nimes
Huttchberg
Woken
Hanerwiteer
Littau
Arthau
Kalich
Wittenstein
Kratzau
Reichenberg
Sutzendorf
Onflau
Wartenberg
Olochwitz
Bernach
Schwartzwald
Newcklewitz
Lankewitz
Kloster
Munchengratz
Menkowitz
Bukesen
Harecka
Mechene
Jung Buntzel
Kompitze
Lochawitz
Strenitz
Gobrawnitz
Brodele
Sobinka
Benatek
Kochanek
Morkow
All Benatek
Tupau
Radon
Busch
Waltech
Bachau
Stehlau
Ludita
Tenarina
Lukowna
Bernartz
Alt Buntzlau
Brandleis
Winorz
Makowitz
Berkowitz
PRAG
Wischnitz
Kolonilze
Kundratitz
Tesakewitz
Nimburg
Prerow
x.kwitz
All Liszau
Lilim

Lieues d' de France de 20 au Degré
 1	2	3	6	7	8	9

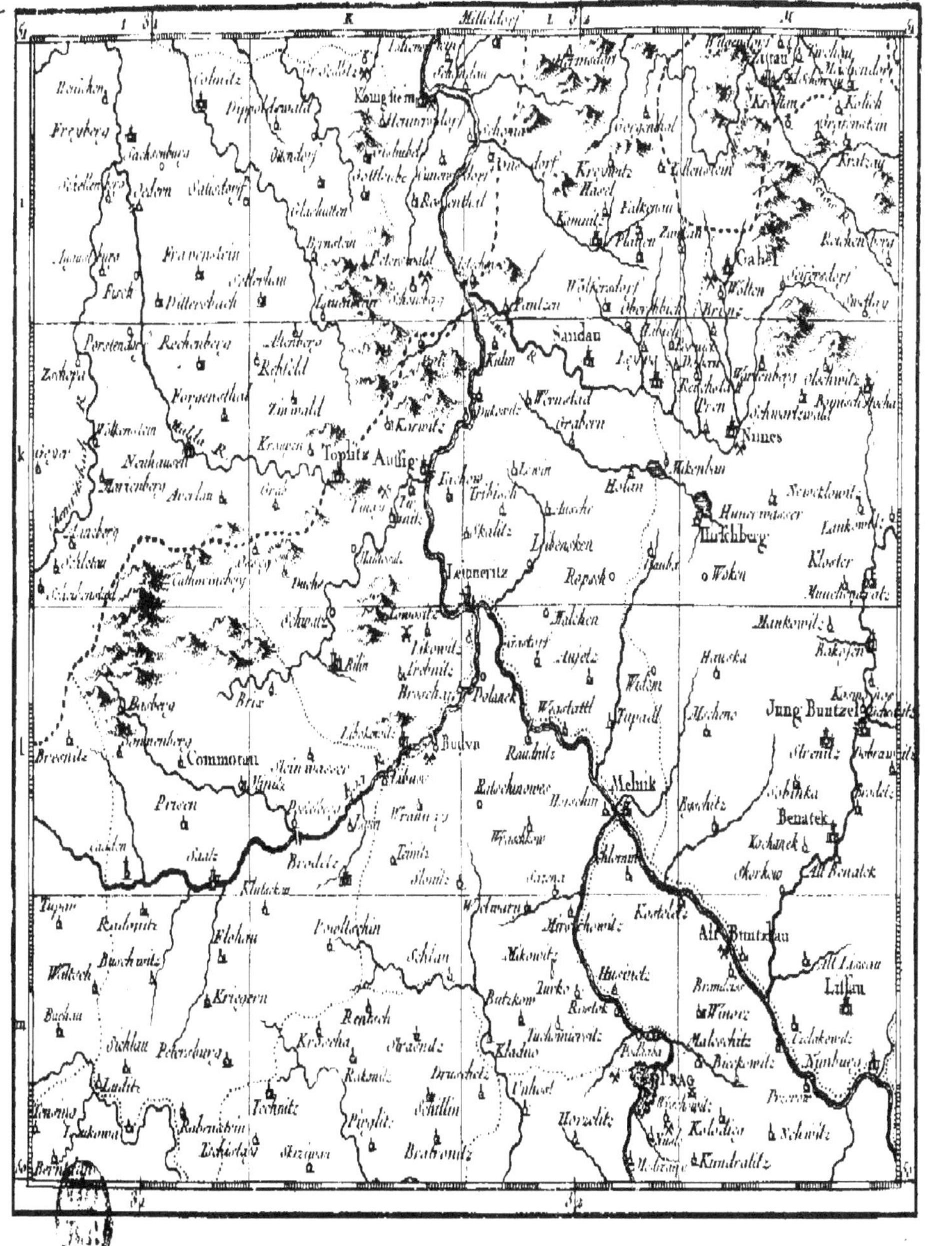
Lieues d'Allemagne de 15 au Degré
grandes Lieues de France de 20 au Degré

Jutland
Neustadt Nieomitz
Wansitz
Hirn
I L E
Lauterbach
Strehlen
Carlsberg Neuberg
Nimptsch
ibenau
Heinrichau
Löwenstein
Nawar
Frankenstein Munsterberg
Br
Turnau
Kamentz
Wartha
Roven
Patschkau
Reichenstein
Jawarnick
Sobotka
Johannsberg
P.
Landeck
Erdbach
iban
Z
S. Wilhelmsthal
Kop
Rochlitz
Kreintz
Cours de la Morave
Aumals
Hotell
Kom
Goldberg
ducad
Bohenan
L R
Lie de 20 au Degre.
½ 4 6 7 8 9 10

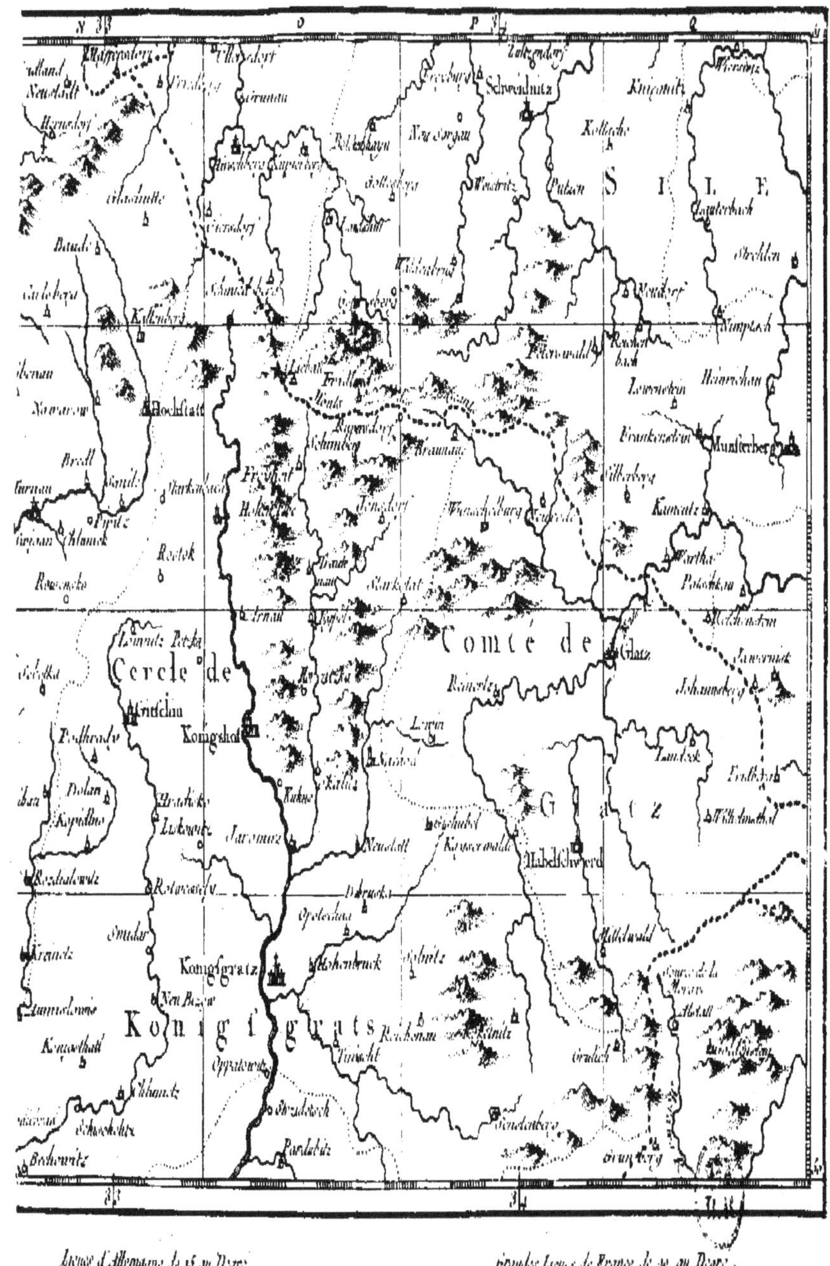
Cercle de
Comté de
GLATZ
Königsgratz
SILE
Munsterberg
Glatz
Lieues d'Allemagne de 15 au Degré
Echelle Lieues de France de 20 au Degré

Planche 2
Oblau
i
k
l
Groß
Ornuchau
Pfeffe

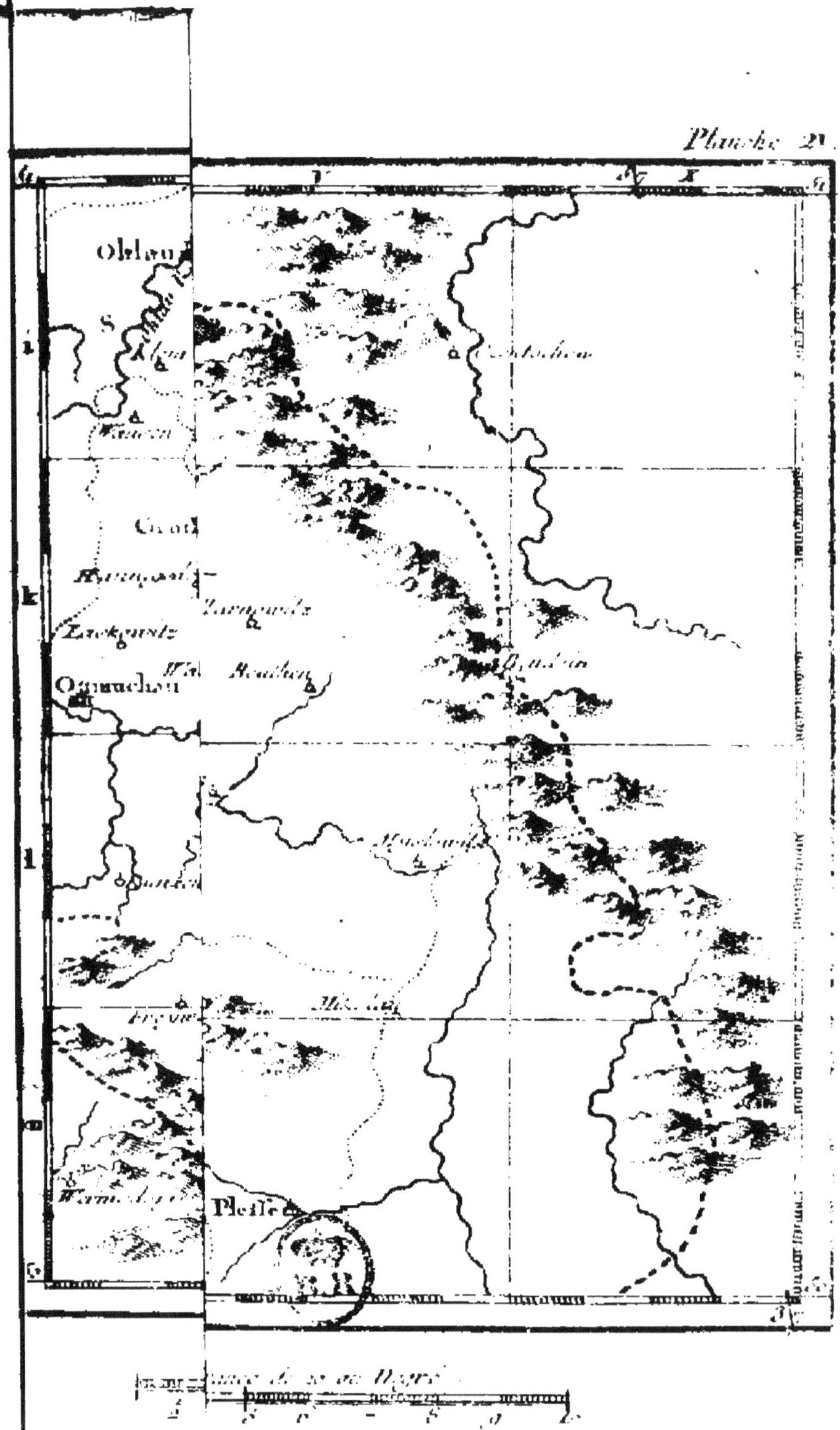

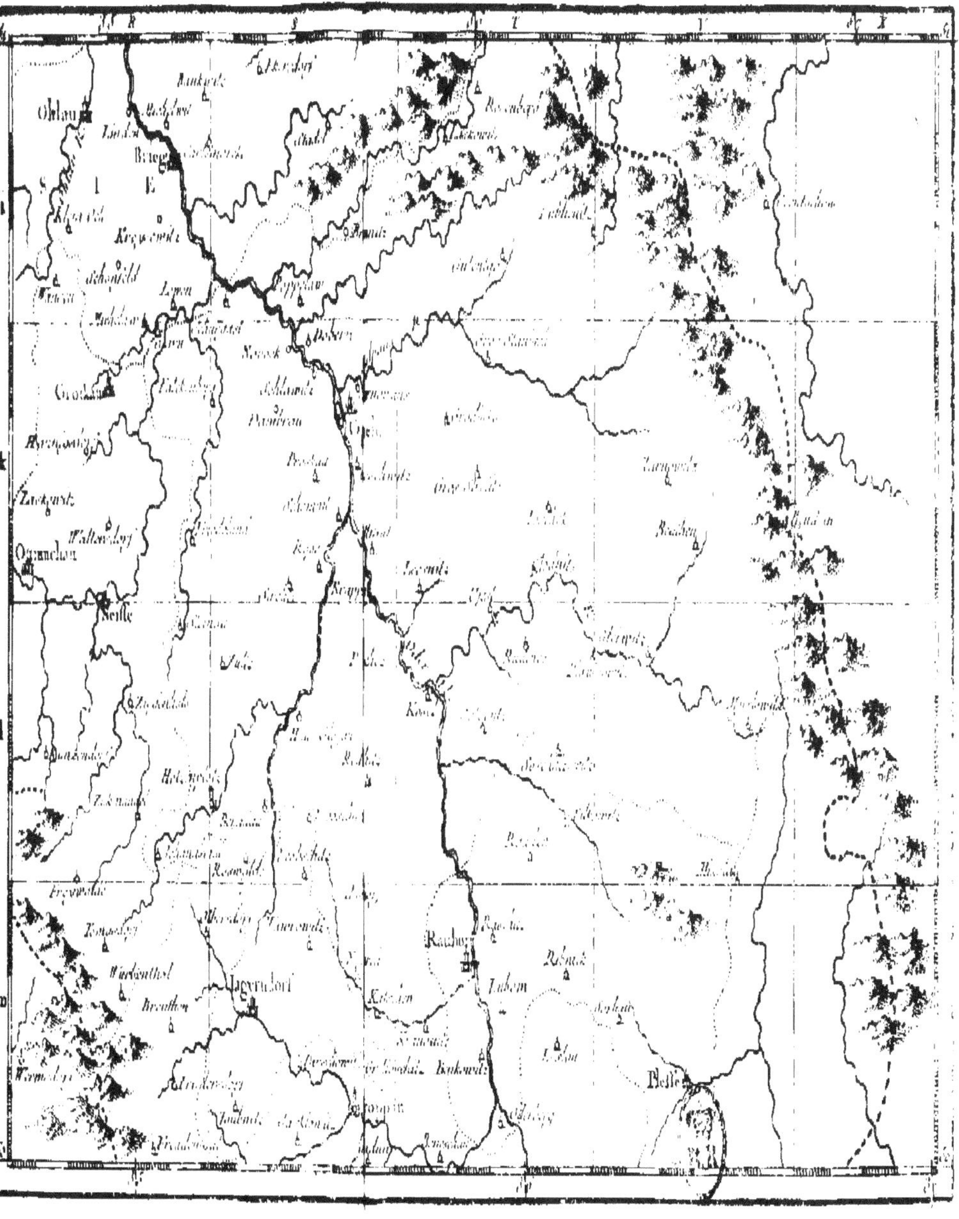

Ohlau
Brieg
Oppeln
Oppin
Grotkau
Neisse
Oderborg
Ratibor
Lubom
Belle

Planche 22.

Neumarck
Schwamburg
Wolckstein
Cercle
Frauenberg
Prostiborz
de Pilfen
Rotenberg
Piwonka
Altorf
Furth
Neukirken
Runting
Lam
Kotzing

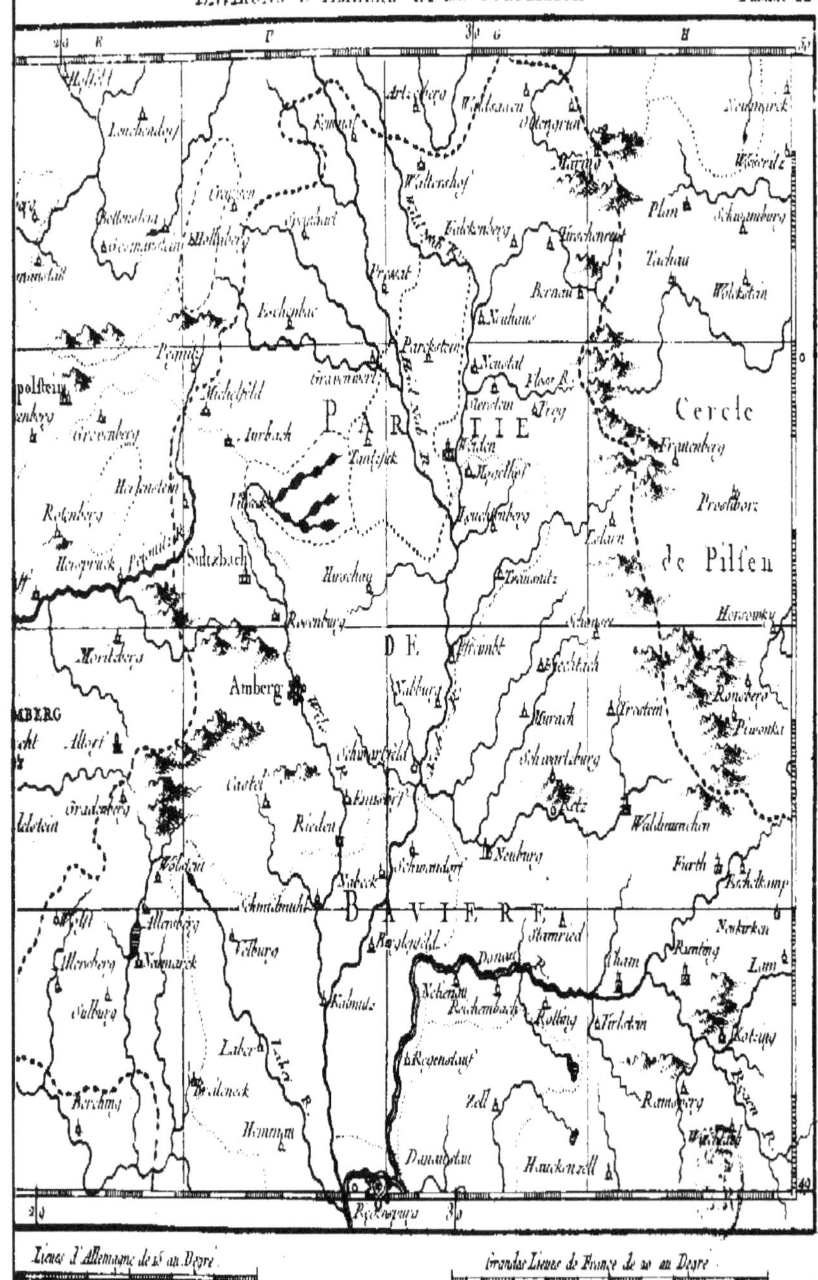
PARTIE
DE
BAVIERE
Cercle
de Pilsen
Amberg
Sultzbach
Neumarck
Allersberg
Danustaut
Ratisbonne
Lieues d'Allemagne de 15 au Degré
Grandes Lieues de France de 20 au Degré

Netochetin
Böhmisch Brod
Planian
Chobramit
Czihana
Stochan
Kostelitz
Kurzin
Prichenau
Scherau
Liechtenstein
Mikowitz
Gintitz
Pheep
Coctin
Mier
Haluubi
n
Sazawa R.
B
Sternberg
arzin
Chotiess
W. Lassinie
Hammerstatt
Lanckow
R.
Naexeradiez
Caluze
Chudi
Horzepnik
Slazin
Wol
Promaslic
Pacow
Riesenberg
Czerwena
Cheynow
Pilgram
Oppohitz
Neuclifft
Czrnowitz
Neslan
Kamenitz
nitz
Cercle
Sobieslaw
Potschaken
Waseli
de
Neuhaus
Bechin
Lieues de 20 au Degré
1/2 1 6 7 8 9 10

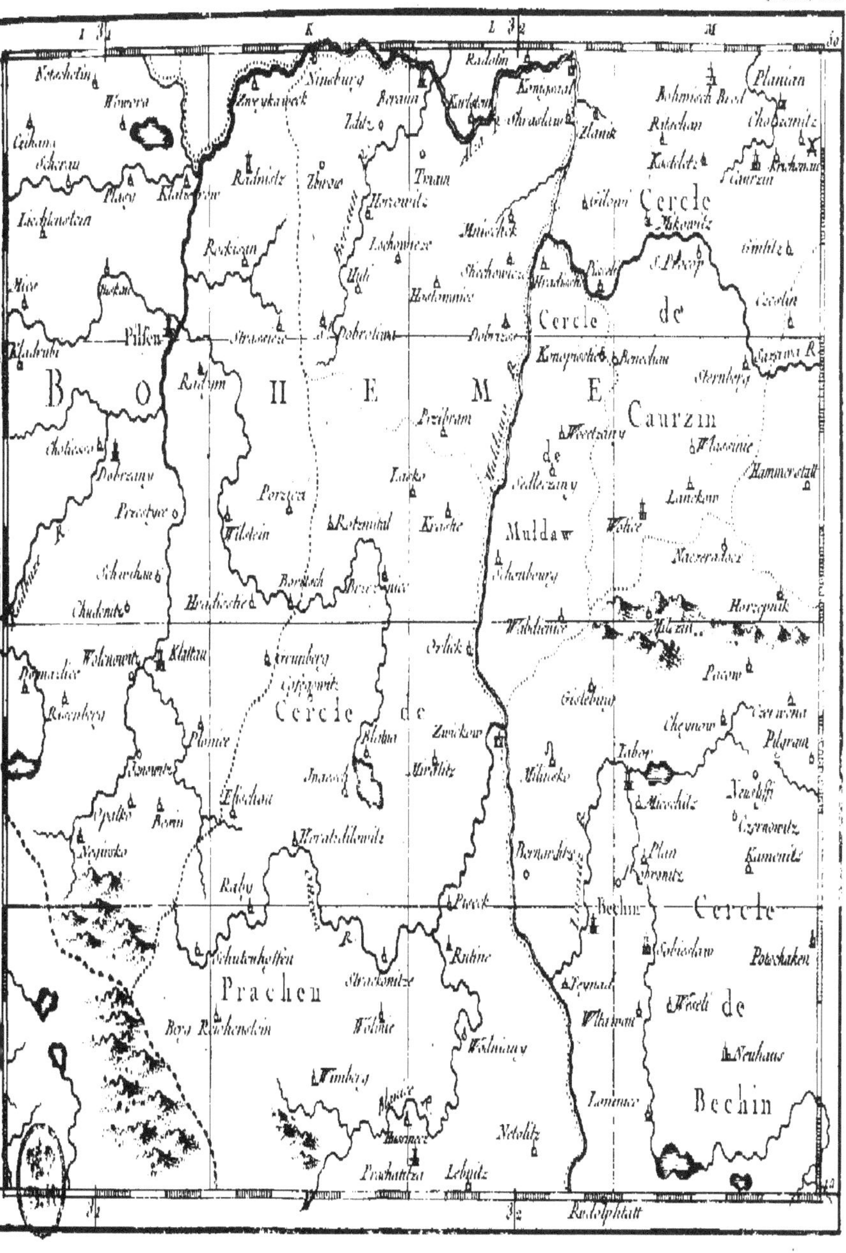
K
L 3 2
M
Radolm
Planian
Böhmisch Brod
Chocienitz
Konigsaal
Strzaslaw
Zlanik
Radotin
Kostelic
Caurzin
Pruchonic
Gilowy
Nakowitz
Simhlz
S. Procop
Cecelin
Zineykapeck
Sineburg
Beraun
Zdiz
Karlstein
Als
Welowra
Notschiten
Ceikana
Scherau
Lichtenstein
Miro
Haskm
Radnitz
Zbirow
Horowitz
Lochowicze
Ugli
Hochommee
Tinian
Mnischek
Chahowicze
Wradtschin
Piwek
Dobrzize
Rockican
Klabrow
Platy
Klatterow
Strassicze
S. Dobrotiwa
Pilsen
Wladrubi
Radym
Kmoprischt
Beneschau
Sternberg
Caurzim R
Przibram
Woetainy
Wossnie
Hammerstatt
Dobrzany
Choticzo
Prestyce
Wildstein
Laska
Rotzmital
Krasche
Sedleczany
Muldaw
Wotice
Lancken
Naeraelcz
Scherhaus
Borstich
Desczan
Schenbourg
Horzepnik
Chudenitz
Hradischt
Wibhenic
Milevn
Pacow
Caurzin
de
Cercle
Wolnowicz
Klattau
Grünberg
Orlick
Chynow
Cazawoa
Pilgram
Risenberg
Gotzowitz
Cercle de
Blatna
Zwickow
Golebuy
Domaslier
Planice
Miraflitz
Wilaneko
Taber
Neuhifi
Ezrnowitz
Kamenic
Spalko
Bonin
Elschan
Horatschowitz
Bernardicz
Plan
Chronitz
Neyusko
Raby
Poock
Bechin
Cercle
Schutenhofen
Ruhine
Cobischaw
Potschaken
Prachen
Stracmitz
Welhne
Woynad
Wilhman
Weseli
de
Berg Reichenstein
Wesluay
Lomnier
Neuhaus
Bechin
Timberg
Netolitz
Prachatitza
Lehytz
Rudolphstatt
BOHEME

Lieues d'Allemagne de 15 au Degré
1/2 1 2 3 4 5

Grandes Lieues de France de 20 au Degré
1/4 1 2 3 4 5 6 7 8 9 10

Q
Schomberg
Schellberg
Bladowitzer
Hoenstatt
Neutra
Misau
Myslitz
Loesch
Lottau
Livewitz
Namiest
Olmutz
Hradisch
Olschan
Comitz
Czech
Buckowitz
Czelekowitz
Kralitz
Kostelctz
Prossnitz
Reitz
Prodiwynow
Tischlowitz
Klenowitz
Predlitz
Blansko
Kurstein
Gurein
Ratschitz
Wischau
Ramowitz
R.
Brunn
Austerlitz
Strelitz
Eiswitzitz
Raygern
Selowitz
Kaunitz
Priewitz R.

ieues de France de 25 au Degré
3   4   5   6   7   8   9   10

Cercle de Chrudim
Cercle de Czaslaw
Iglau
Brunn
Olmutz

Lieues d'Allemagne de 15 au Degré.

Grandes Lieues de France de 20 au Degré.

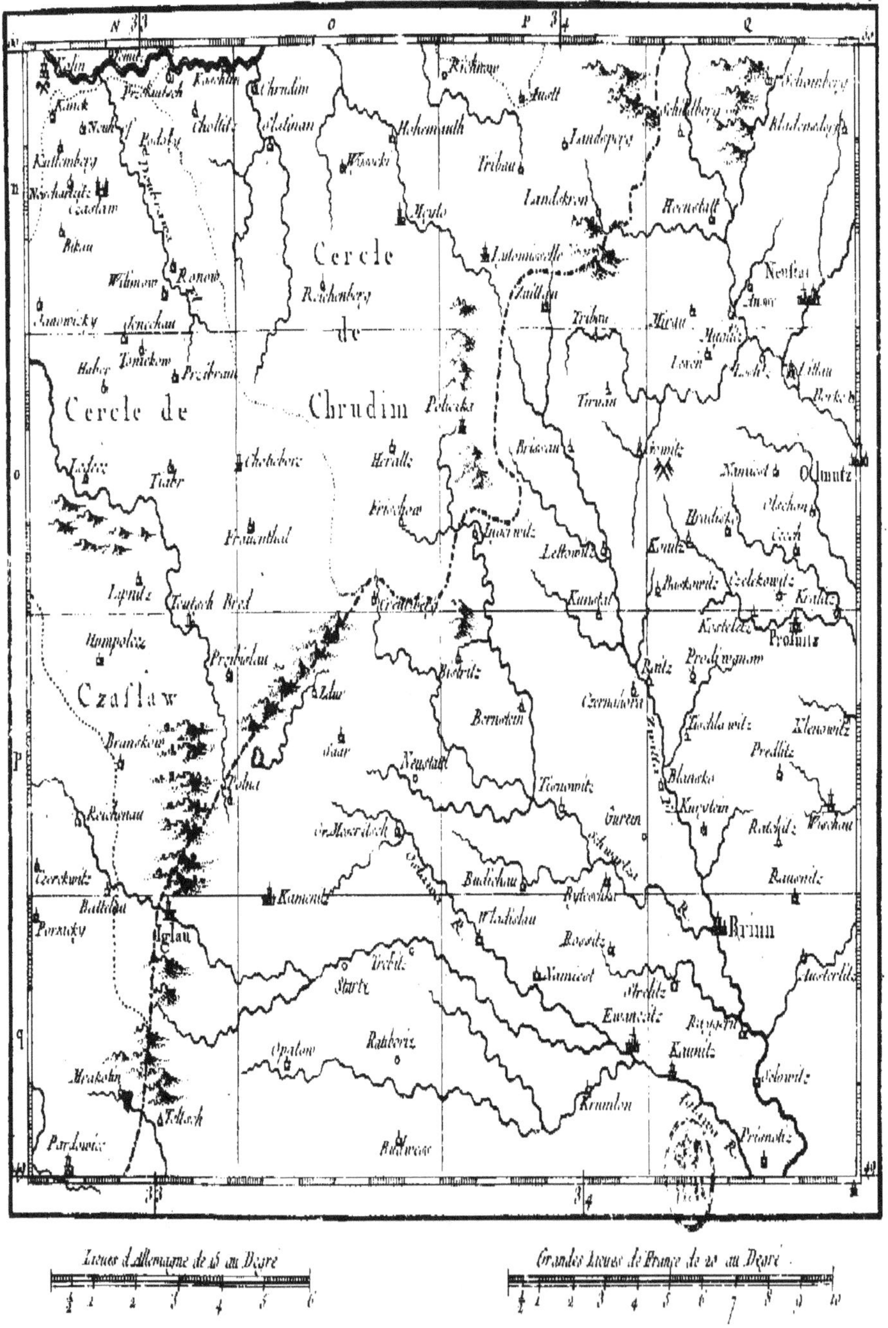

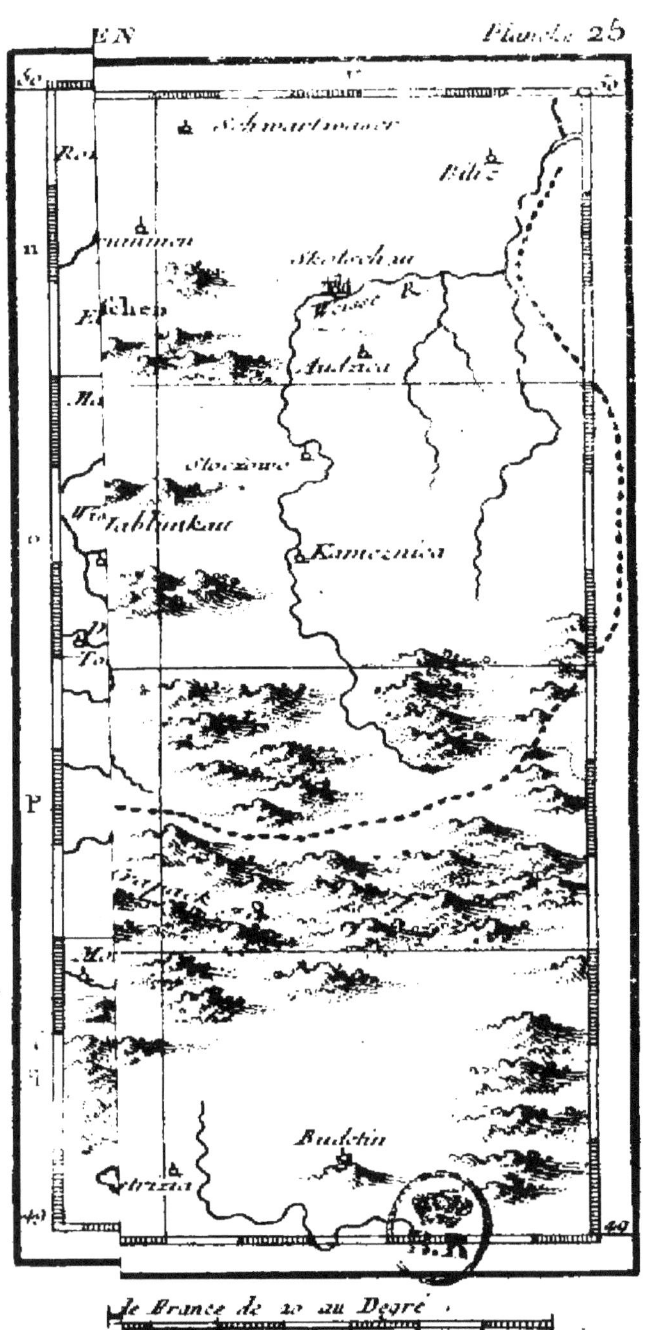

EN
Planche 25
Schwartawaer
Bili
Skotochau
Wenst R.
Aulzau
Choxiou
Wolablinkau
Kamenica
Budelin
Otrzau
le France de 10 au Degre
4 5 6 7 8 9 10

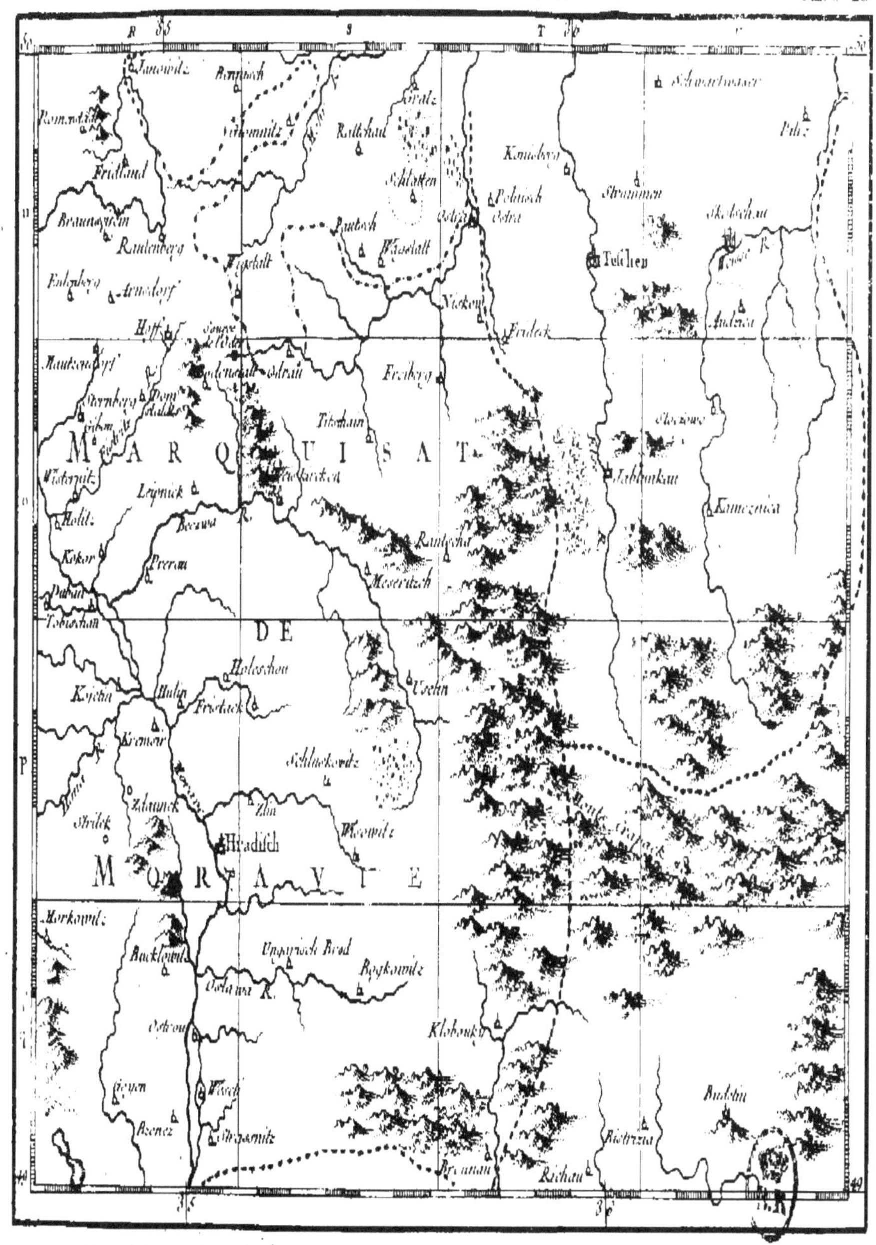
Janowitz
Ronnadtt
Rennbach
Ovatz
Fridland
Schönmitz
Ratschau
Konuebra
Schwartwasser
Pilz
Braunseiten
Raudenberg
Schlatten
Polnisch Ostra
Strammen
Skotschau
Enhsberg
Arnsdorf
Pautsch
Wasstadt
Ostra
Teschen
Hoff
Source de l'Oder
Fogstalt
Nockou
Fridek
Andrau
Mautenadoyf
Odrau
Freiberg
Sternberg
Dom Staldis
Glazioue
Wistenitz
Neukarket
Jablunkau
Leipnick
Kamezntca
Holit
Becava
Kokor
Prerau
Rantschu
Dubau
Meserdzch
Tobischau
DE
Holeschou
Wochn
Kytchu
Hulin
Friedlack
Kremsir
Schluckovitz
Wims
Zdaunek
Zlin
Strilek
Weowitz
Hradisch
MORAVIE
Morkowitz
Auckloviti
Ungarisch Brad
Bogkounitz
Odrowa R.
Klobouky
Ochrou
Zeyen
Wisch
Budetin
Azenez
Lithgarnitz
Piotrizia
Riechau
Prlanau

Lieues d'Allemagne de 15 au Degré
Grandes Lieues de France de 20 au Degré

Echelle de cent Perches du Rhin.
200   400   600 P.
Alle de P...   Charlottenbourg.   I.
Coln ou Cologne   E   Z   Allée qui conduit
Palais Royal   F   Marché   a Potsdam.
Dorothée Stadt ou   G   conduit a

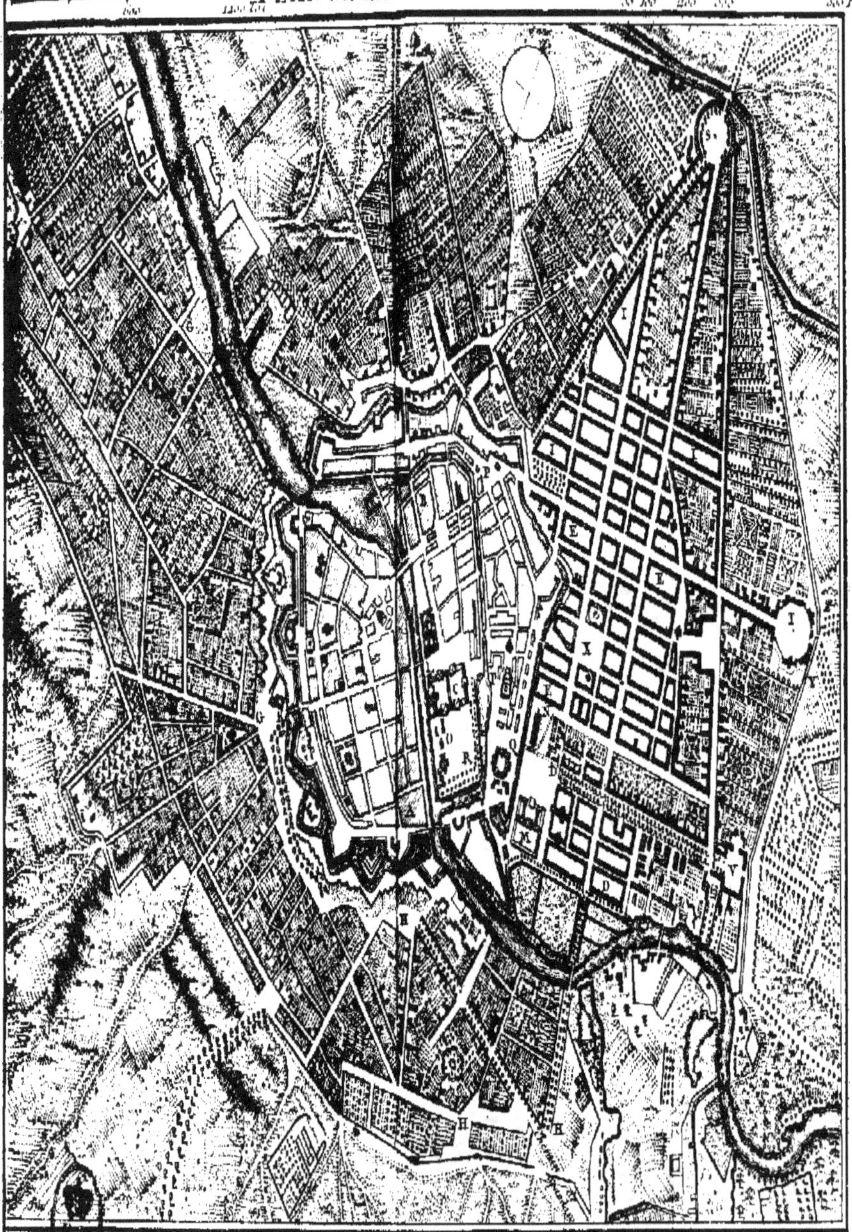

Echelle de 1200 Toises.
PLAN DE LA VILLE DE BERLIN.
Echelle de 600 Perches du Rhin.
Ville de Berlin   Ville neuve   H. Sophienstadt autrefois   L. Pont Royal   P. Frederiche Werder   T. l'Opéra   Charlottenbourg   1.
Coln ou Cologne   E. Frederick Stadt   Faub. de Spandau   M. Pal. du Pr. Henry Q. Arsenal   V. la Guerre   2. Allée qui conduit
Palais Royal   F. Faub. de Coln   I. Kœnigstadt   N. Oeuvre   R. Grande Place, ou Parade   X. Ville de Louise   à Potsdam
Dorothée Stadt &c.   G. Faub. de Königs K. Bout de la Porte Roy. O. Palais Royal   S. le Pont   Y.

Echelle de ... Perches du Rhin.
200 P.
E.
Barckof
Fl.
A
O
N.B.
2.
A Ville neuve
B ...
C ...
N Tour du Pont
O Ouvrage à Corne.

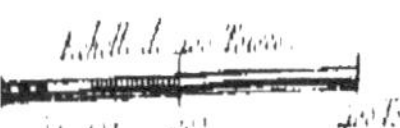
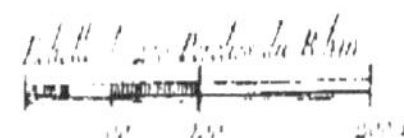

PLAN DE LA VILLE DE BREME.

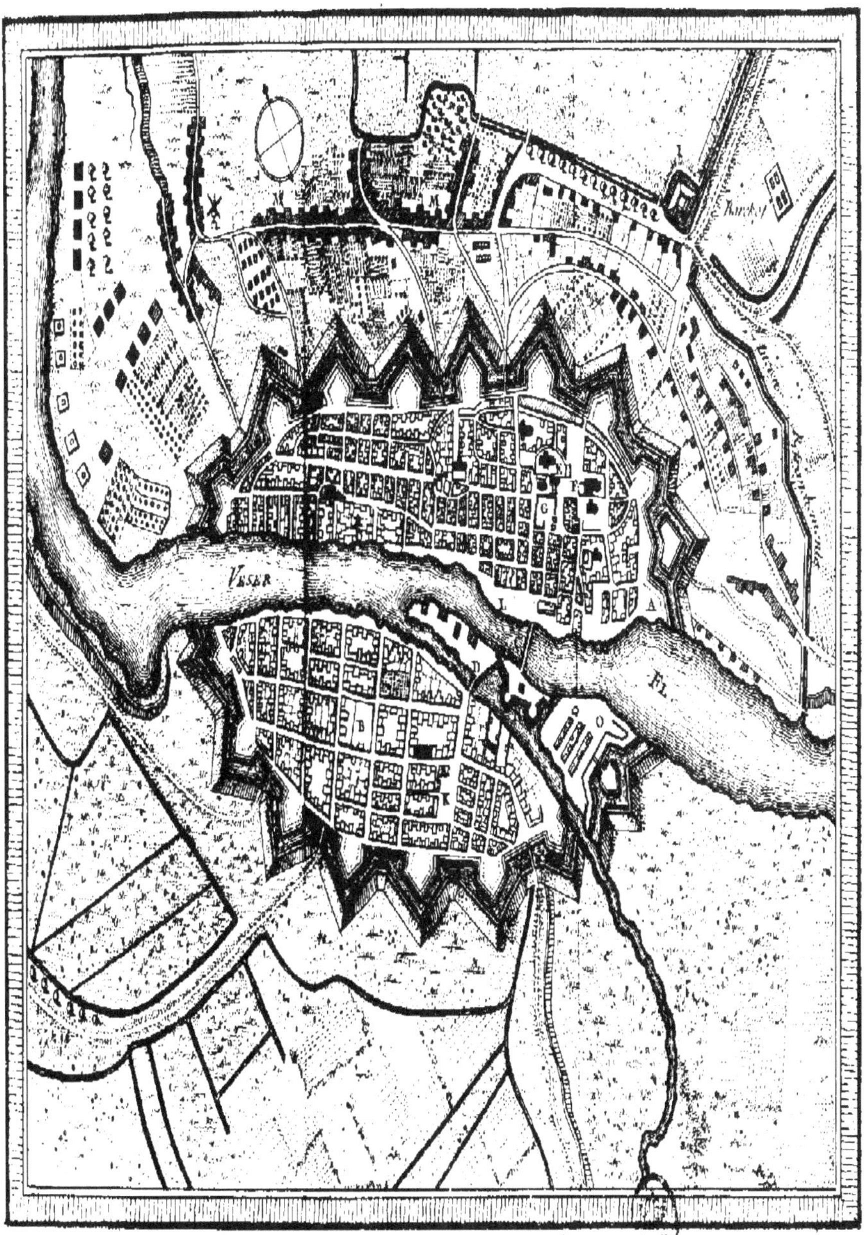

A. Ancien Breme.
B. Ville neuve.
C. Grand Pont.
D. Petit Pont.
E. Église de Ste. Marie.
F. Le Dôme.
G. Grand Marché.
H. Maison de Ville.
I. Redoute.
K. Marché de la Ville neuve.
L. Le Port.
M. Grand Faubourg.
N. Tour du Pont.
O. Ouvrage à cornes.

Echelle de p... Echelle de 200 Perches du Rhin.

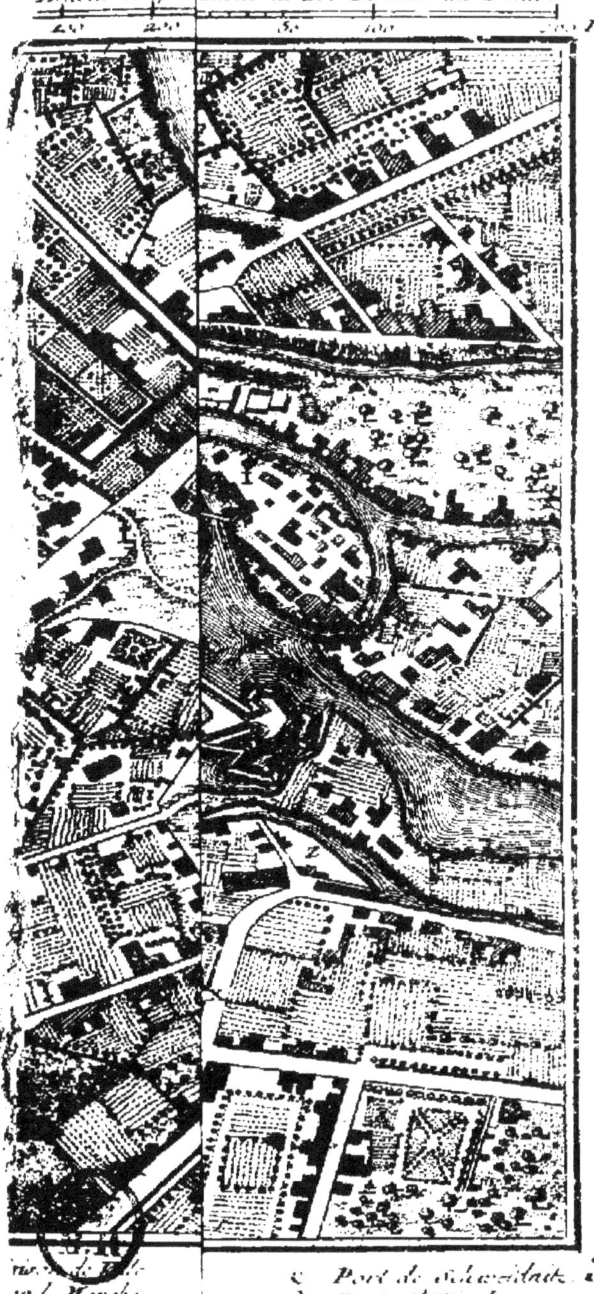
... Marché
...
des Moulins.
...
c   Port de Schweidac... 3
d   Port St Nicolas.
e   Pt de Sable.

Echelle de 400 Toises
PLAN DE LA VILLE DE BRESLAW.
Echelle de 400 Perches du Rhin.

F. Les Jésuites
G. le coin du Marché
H. Nouveau Breslaw
I. tête de la Citadelle
K. Cathédrale
L. Hôpital
M. Arsenal
N. Hôtel du Sable
O. Ste Élisabeth
P. Porte de l'Oder
Q. Faubourg de l'Oder
R. Ste Marie Mad.
S. Dominicains
T. Le Château
V. Les Capucins
X. Faub. d'Ohlau
Y. St Maurice
Z. R. d'Ohlau
a. Porte d'Ohlau
b. Porte de Brisquer
c. Port de Schweidnitz
d. Port St Nicolas
e. Pte de Sable

DRESDE .

Echelle de 250 Perches du Rhin

250 P.

ELBE

EL.

Chemin de Neustadt

Neustadt

Ville Neuve

chemin

Stadt Dresden

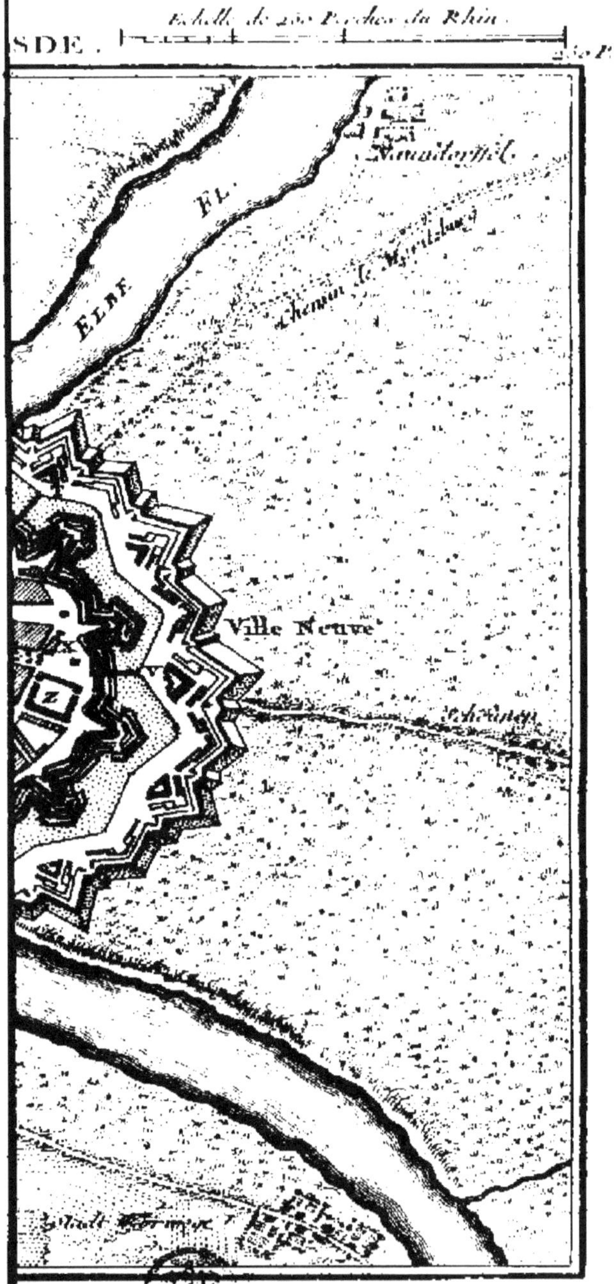

...glise .   X   Eglise de la Ville Neuve   4.
...ne du Palais   Y   La Meute
Blanche   z   Caserne
Noire   a   Menagerie

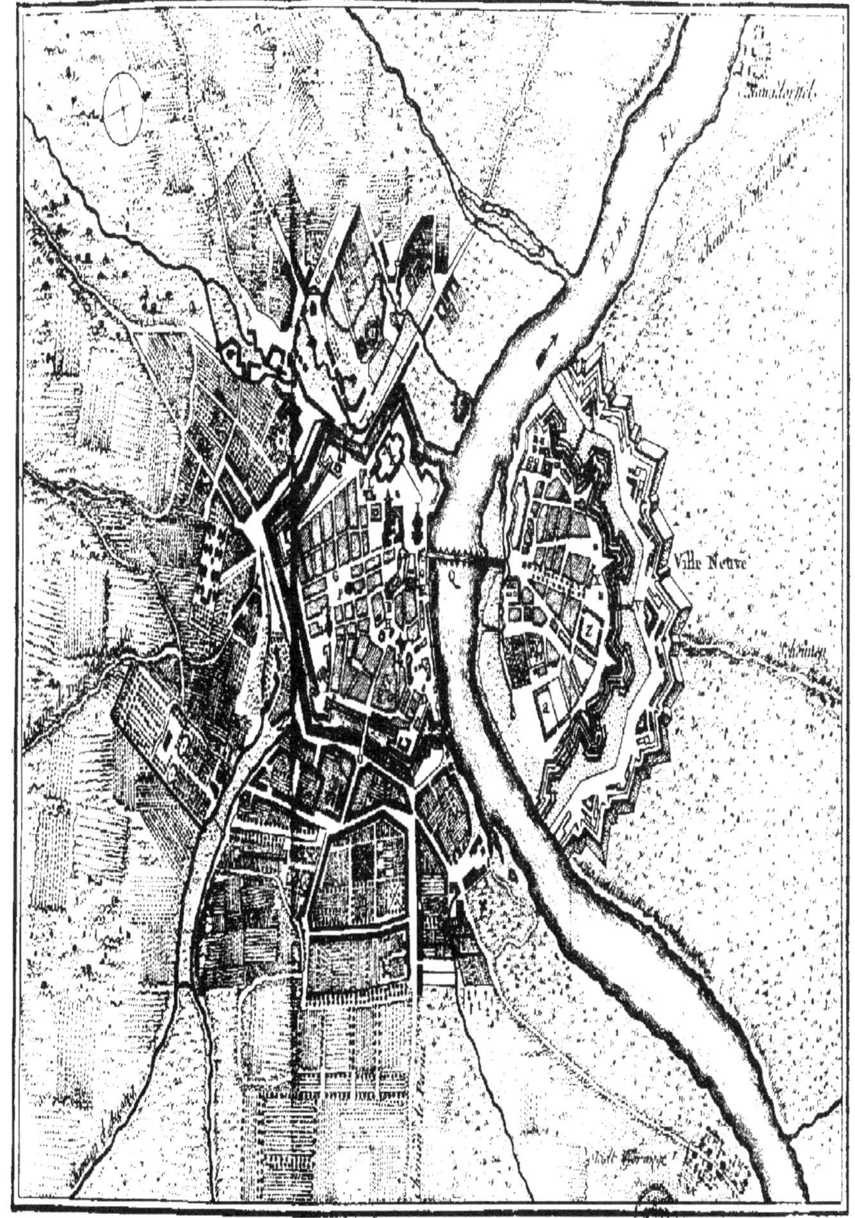

A Le Château
B Eglises
C Marché
D Arcenal
E Notre Dame
F St. Croix
G Vieux Marché
H Marché neuf
I La chapelle
K Orangerie
L Opéra
M Comédie
N Porte de Wilsch
O Porte de Pirna
P Citerne
Q Le Pont
R Le Palais
S Jardins du Palais
T Porte Blanche
V Porte Noire
X Eglise de la Ville Neuve
Y La Meute
Z Casernes
a Ménagerie

Echelle de 200 Perches du Rhin
RT.
P.
A Porte de Krampfer
B quel des Chartreux
I Porte de l'Ober
K Place d'Armes
5.

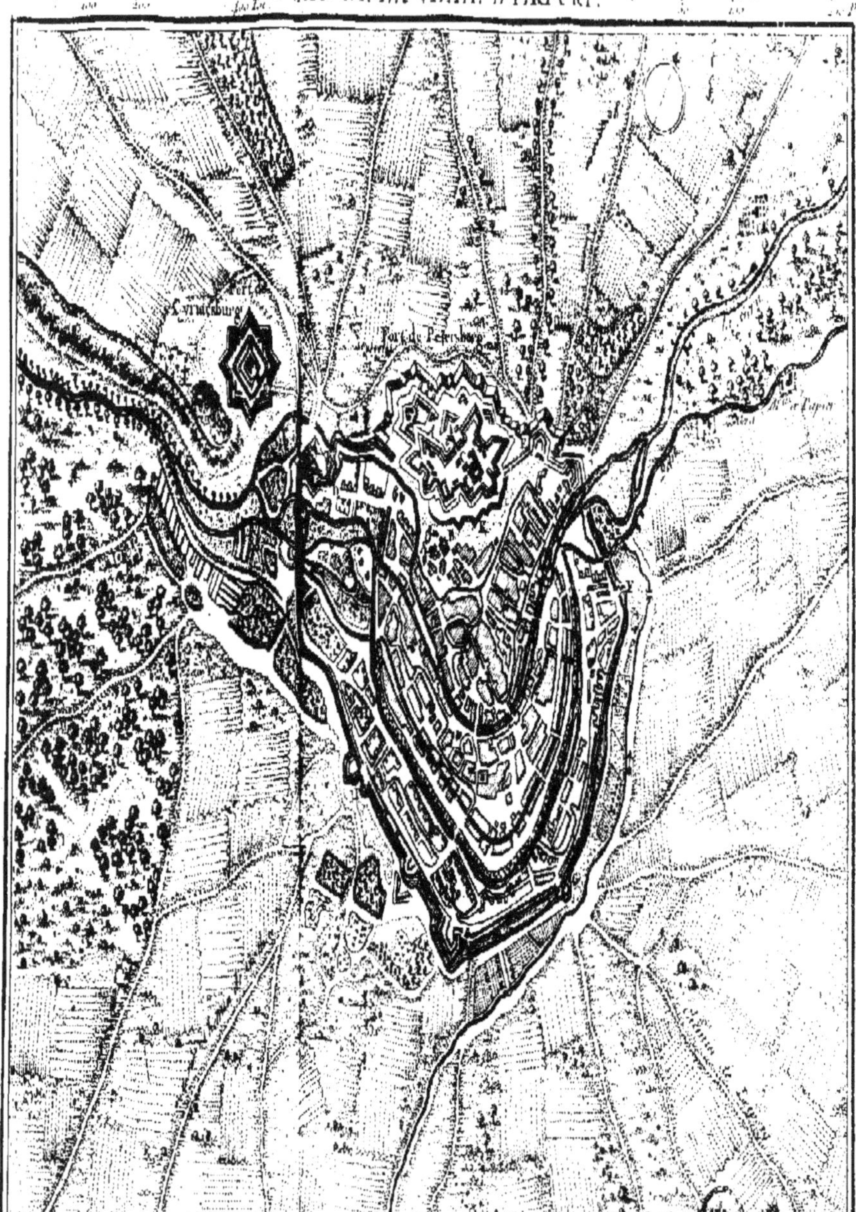

PLAN DE LA VILLE D'ERFURT.
Cyriacsburg
Porte de Petersbourg
A Collège de Ste Marie
B Collège de St Severin
C Monast. des Benedictins
D Porte de Brühler
E Porte St André
F Porte d'Ilsen
G Porte de Krampfer
H Monast. des Chartreux
I Porte de Loeber
K Place d'Armes

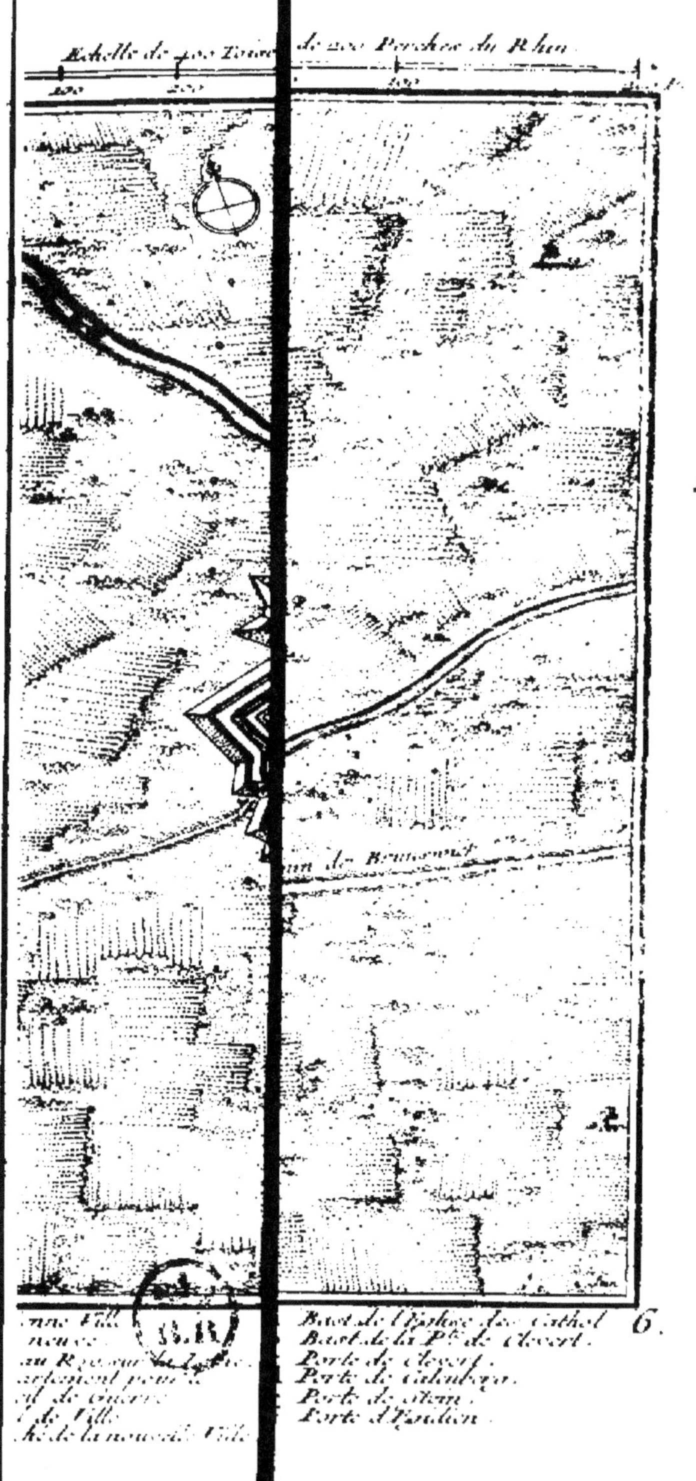

Echelle de 400 Toises de 200 Perches du Rhin
Plan de Brisach
6.
Bast. de l'Esplanade de la Cathed.
Bast. de la Pte de Clenart.
Porte de Clenart.
Porte de Caluberg.
Porte de Stein.
Porte d'Pfaulen.

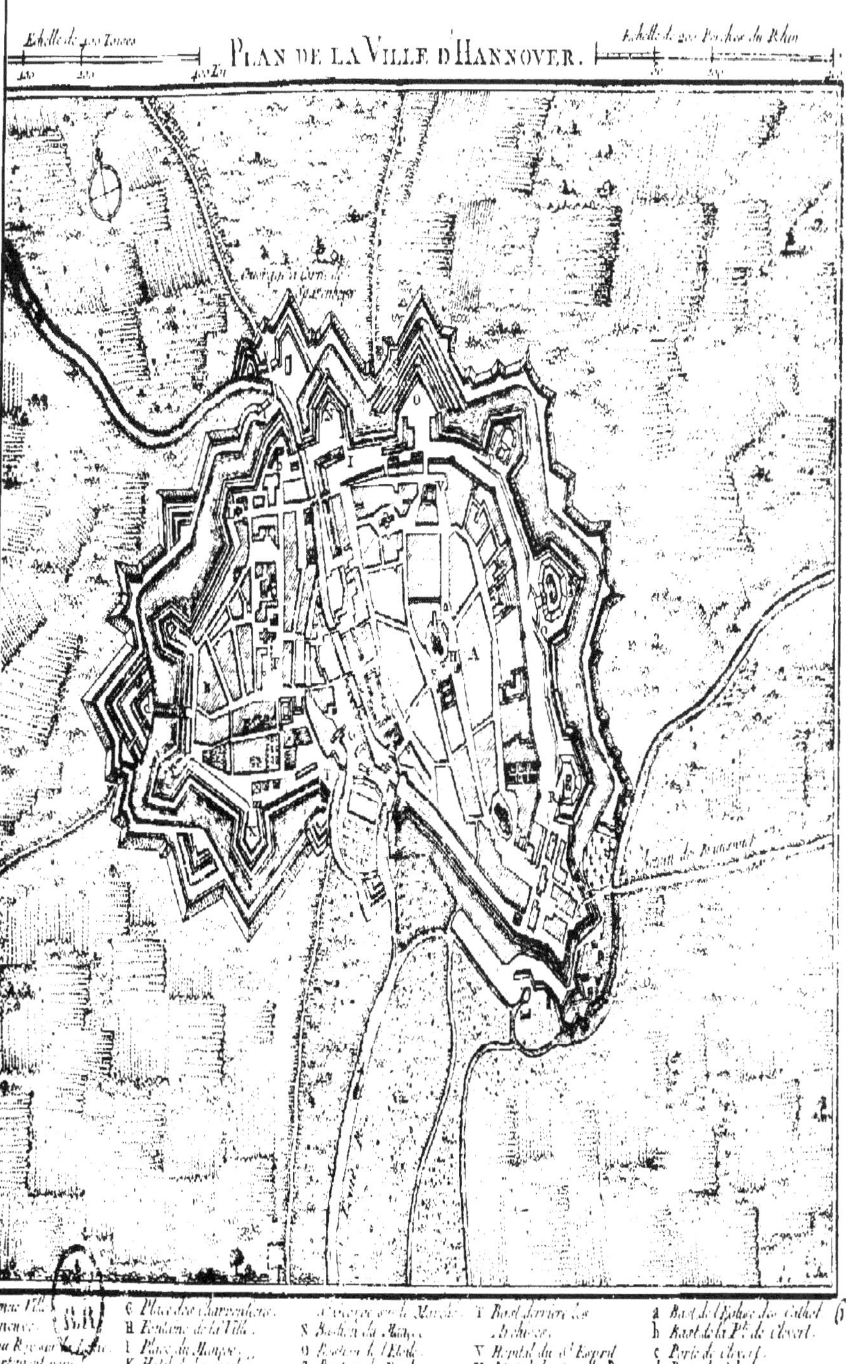

Echelle de 200 Toises
Echelle de 200 Perches du Rhin
PLAN DE LA VILLE D'HANNOVER.
G Place des Charrentiers.
H Fontaine de la Ville.
I Place du Marché.
K Hôtel de la nouvelle les Etats.
L Eglise des Catholiques.
M Eglise de St. Croix.
Evêque sur le Marché.
N Bastion du Marché.
O Bastion de l'Etoile.
P Bastion du Nord.
Q Bast. de la Maison neuve.
R Bast. de Boteldter.
S Bast. sur l'Paradis.
T Bast. derrière les Archives.
V Hôpital du St. Esprit.
X Bast. de la Cour du Roy.
Y Bast. du Moulin a Vent.
Z Bast. de la Cour des C.te de Platen.
a Bast. de l'Eglise des Catholiques.
b Bast. de la Porte de Clever.
c Porte de Clever.
d Porte de Calenberg.
e Porte de Stein.
f Porte d'Foulan.

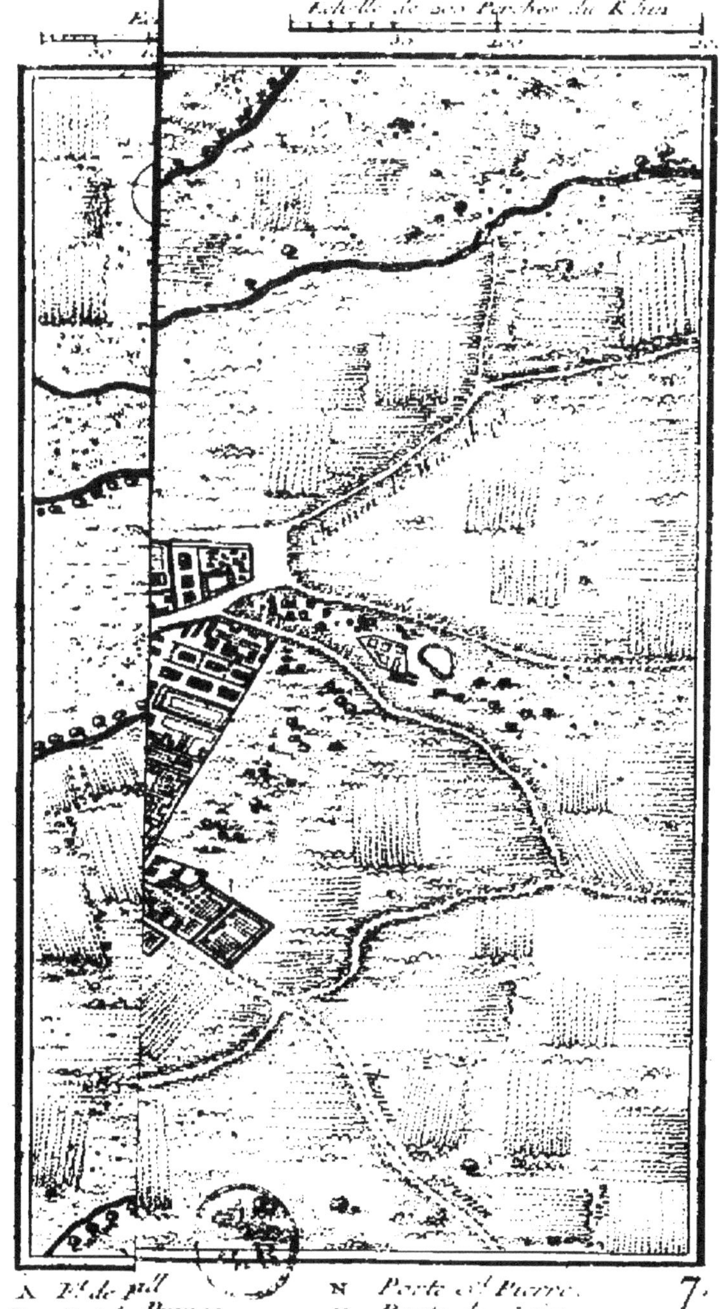

Echelle de 200 Perches du Rhin.
A   Eg.se de p.l
B   Hotel Princ.s
C   Marché aux m.ns.
N   Porte S.t Pierre.
O   Porte de Grimm.
P   Marché aux chevaux.

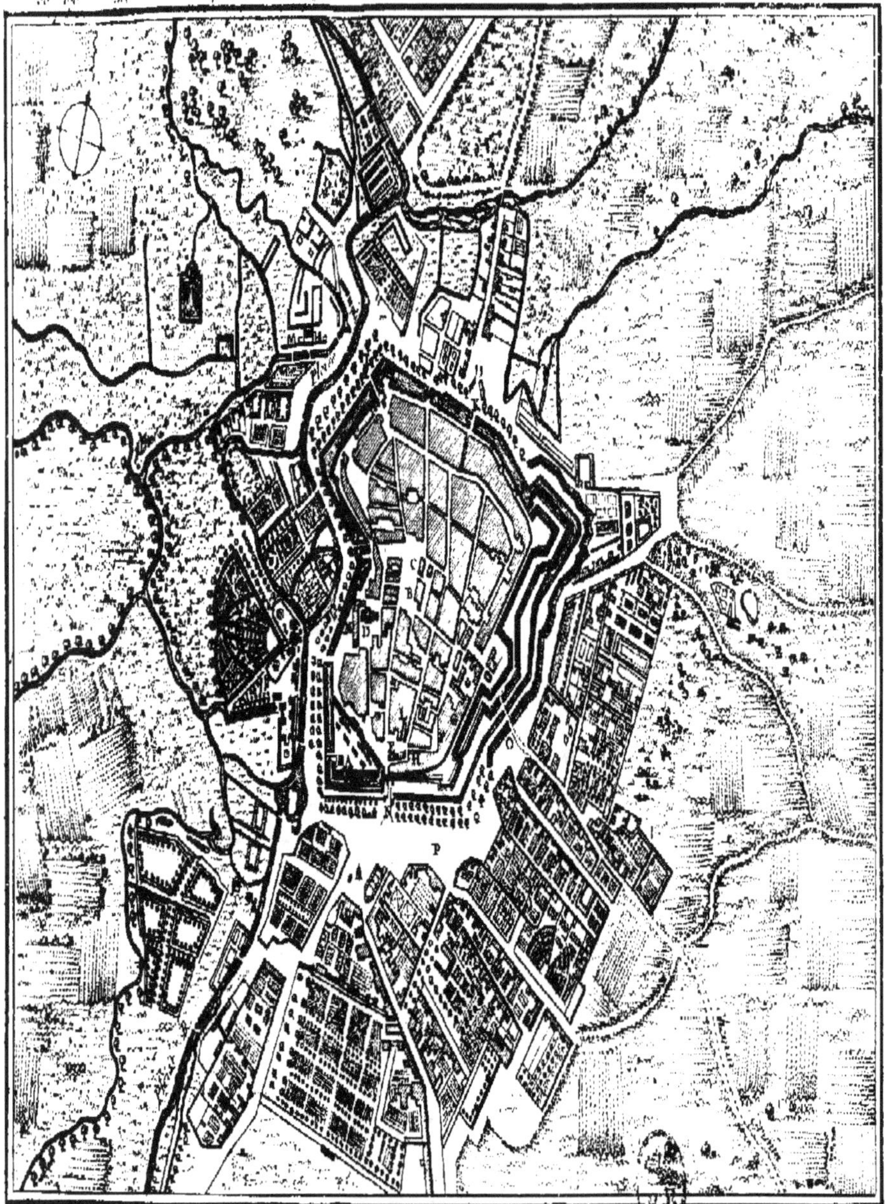

PLAN DE LA VILLE DE LEIPZIG.
Echelle de 500 Toises.
Echelle de 600 Perches du Rhin.
A F.t de Pleissenburg.
B Hotel de Ville
C Marché.
D S.t Thomas.
E S.t Pierre.
F l'Université.
G La Bibliotheque.
H Grenier Public.
I Porte de Ranstadt.
K Porte de Hall
L Écuries du Prince
M Porte S.t Thomas.
N Porte S.t Pierre.
O Porte de Grimm.
P Marché aux chevaux.
7.

Eschelle de 1000   Eschelle de 500 Perches du Rhin
P
du Fdauenberg
Montagne Blanche
A Citadelle   D ..nther.   Q S.t Mathieu 8.
B Vieille Ville   E   R Bde S.t Marg.t
C Ville neuve   F osse.   S Troye.

PLAN DE LA VILLE DE PRAGUE.

A   La Ville de [...]   D   Le Château.   G   Isle nommée Venise.   K   Porte de Prasle.   N   Porte Schwanthor.   Q   S.t Mathias.
B   La Vieille Ville   E   La Cathédrale.   H   Le Pont.   L   Porte de l'Eau.   O   Les Invalides.   R   Abe. de S.t Marg.t
C   La Ville neuve   F   La forteresse nommée Wischerad.   I   Porte de Ratschin.   M   Porte Neuve.   P   Parc aux Cerfs.   S   Traja.

Echelle de 300 Toises anciennes du Rhin
D. Citadelle
E. Mur amont
F. Faubourg
9.

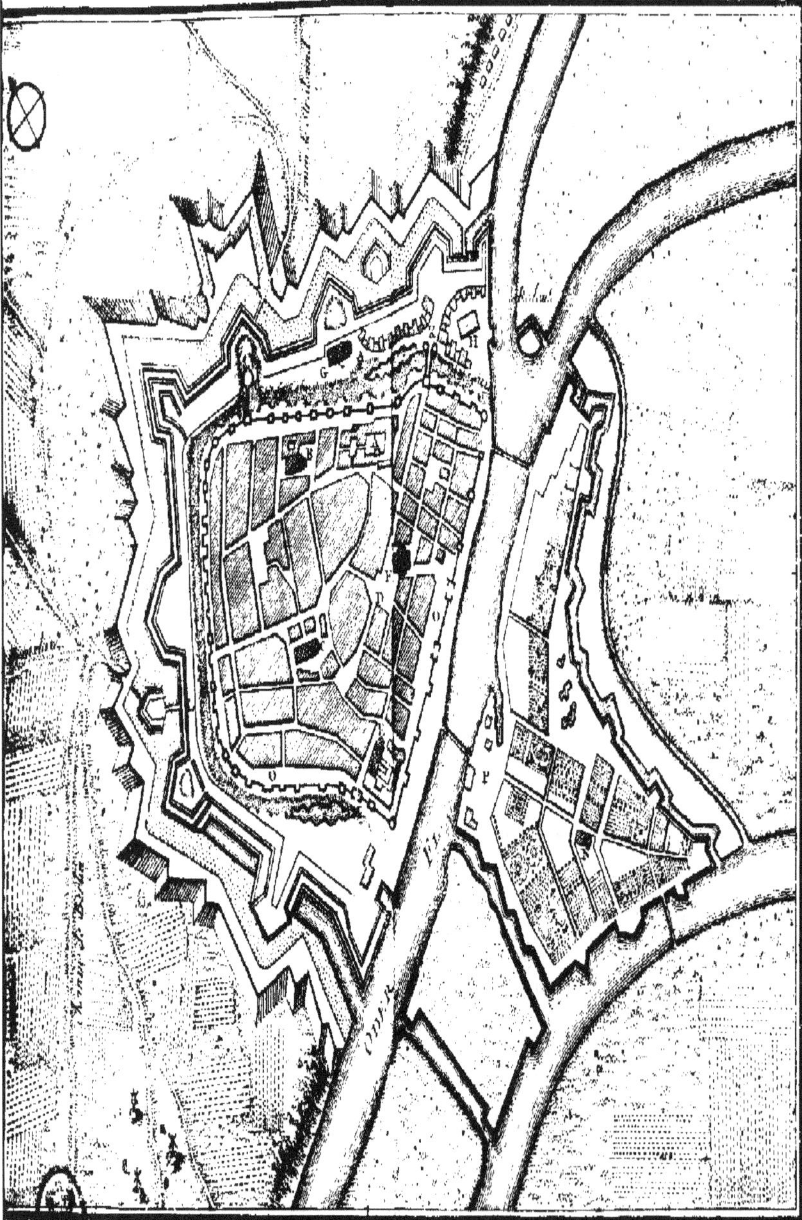

Échelle de 200 Toises
Échelle de 100 Perches du Rhin
PLAN DE LA VILLE DE STETTIN.
D Maison de Ville
E Les Déchaussés
F St Nicolas
G St Pierre et St Paul
H Maison
I Porte du Moulin
K Porte N. Dame
L Porte de Passaw
M Porte du St Esprit
N Ste Gertrude
O Mare ancienne
P Faubourg
9.